La grande impatience

Collection « Antidoxa »

www.editions-hermann.fr

ISBN : 979 1 0370 2965 2

Pascale Giet

LA GRANDE IMPATIENCE

Les entreprises face à la transformation de l'engagement

hermann

Depuis 1876

Introduction

Où sont passés l'enthousiasme et l'optimisme ? Depuis quelques années, il semble n'y avoir de place que pour l'expression d'une forme de lassitude, et même de colère. Le portrait d'une société fatiguée, qui aurait perdu le goût de l'effort, le sens de l'engagement et de la solidarité, est dressé. S'il s'appuie sur des constats réels, il n'en reste pas moins que ce portrait est outrancier, et comporte une part de déclinisme. À travers ce livre, et avec le recul de trente ans passés à des postes de dirigeante dans des grandes entreprises, j'ai voulu prendre le temps d'analyser ces évolutions, de mettre en regard ces représentations du travail et leur réalité au quotidien mais aussi d'identifier les leviers des entreprises pour s'y adapter.

La crise sanitaire n'a fait que mettre en exergue un mouvement engagé depuis longtemps. La désindustrialisation, les crises financières qui ont marqué les vingt dernières années ont conduit à des plans sociaux et à un fort taux de chômage. Nombre de trentenaires et quadras actuels ont vu leurs parents subir des licenciements jugés brutaux et parfois injustes. Cela a contribué à alimenter une forme de défiance par rapport au monde du travail, mais aussi le sentiment que le mérite est un leurre et que l'effort ne s'accompagne pas forcément de reconnaissance.

Cette question de la reconnaissance est au cœur de la prise de distance avec le travail. Elle peut parfois être liée à un sentiment de déclassement. La polarisation économique décrite par Jérôme Fourquet et Jean-Laurent Cassely, la « démoyennisation » de l'économie est un marqueur du creusement des inégalités. C'était l'un des sens du mouvement des gilets jaunes. L'impression que le travail n'est plus suffisant pour s'assurer de bonnes conditions de vie, et garantir un avenir meilleur aux générations suivantes, s'accroît. Cette impression grandit avec l'expression d'une réelle colère à l'égard d'un monde perçu comme inégalitaire et exacerbée par l'augmentation du coût de la vie.

Pour compléter ce panorama, s'ajoute l'accélération du changement climatique dont la réalité devient de plus en plus tangible. Pourquoi s'engager à long terme, pourquoi considérer positivement le futur, si la catastrophe s'approche irrémédiablement ? D'été en été, les records de température se succèdent. Les événements climatiques extrêmes n'ont plus rien d'exceptionnel, en une saison on a ainsi vu les deux-tiers du Pakistan engloutis par des inondations sans égales, les forêts landaises ont été ravagées par des incendies d'une ampleur rarement vue. La conscience du changement en cours, et de la nécessité d'agir est désormais collectivement partagée. Dans le même temps, pour toute une génération, elle porte en elle la notion de finitude. Finitude de la beauté des choses qui, implacablement, disparaissent, comme la Mer de glace dans le massif du mont Blanc ; du confort acquis, lorsque l'on perd sa maison réduite à néant par des inondations ou un effondrement de terrain. Finitude de nos modes de vie accélérée par l'exigence de sobriété. L'irruption de cette conscience vient nourrir un sentiment d'insécurité qui envahit l'espace mental et décentre tous les fondamentaux.

Dans un contexte anxiogène, chacun tend à se réfugier dans une forme de repli vers des sphères protectrices et structurantes, comme la famille ou le couple. Pendant de longs mois, nous n'avons pas eu le choix, collectivement contraints au repli pour « prendre soin de nous et de nos proches ». Dans une société de plus en plus individualiste, ce repli a pu confiner à l'égoïsme et le soi prendre le pas sur le collectif. La révolution numérique, si elle a ouvert la voie à des progrès considérables en termes de qualité de vie et de gains de temps, a également contribué à alimenter cette montée de l'individualisme, en écrasant la dimension sociale du travail pour la ramener à un sujet de productivité. Chacun est face à la valeur qu'il crée, son impact et son utilité pour le collectif. À chacun de piloter sa propre motivation.

La succession des crises ces dernières années aurait donc enterré le temps de l'optimisme, de l'insouciance et de l'engagement. L'actualité regorge d'exemples illustrant la crise de l'engagement qui serait à l'œuvre, l'accroissement des démissions, la baisse de productivité, la perte de la fameuse « valeur travail », le rejet des « bullshits jobs » ou même le « grand burn-out ». Et pourtant…

Pourtant, plus qu'à un désengagement, c'est en réalité à une mutation de l'engagement que nous sommes confrontés, à une prise de distance avec les modèles traditionnels du travail et à une forme de détachement dans la relation au travail. Les nouvelles formes d'engagement traduisent à la fois un recentrage sur soi et le sentiment d'urgence lié à la succession des crises. L'évolution de l'engagement traduit aussi une impatience, le besoin de résultats visibles et à court terme. De plus en plus, chacun exprime le besoin de comprendre et de mesurer son impact personnel. La frustration de disparaître au profit du collectif n'est plus envisageable. Si cette démarche n'est pas dénuée d'égoïsme, elle n'en reste pas moins une forme d'engagement, parfois même radicale.

Dans le même temps, le repli vers les sphères personnelles et familiales s'accompagne d'une recherche de liens, de proximité.

Dans le monde professionnel comme en politique, la confiance demeure forte pour l'échelon local. Le besoin de solidarité et d'entraide est toujours présent, depuis les ronds-points des villes jusqu'aux plateformes de services partagées ou de recyclage d'objets.

S'il est un levier sur lequel les entreprises peuvent s'appuyer pour restaurer l'engagement, c'est bien celui du lien et de la proximité. C'est en s'appuyant sur les dynamiques collectives que l'on pourra, à nouveau, susciter l'espérance.

Lorsque l'on revient un peu en arrière, il est saisissant d'observer le contraste avec l'insouciance, l'enthousiasme, la créativité à une époque où la confiance dans le progrès était totale.

Le sens de l'histoire était perçu comme une amélioration perpétuelle. Or, ces dernières années, avec la crise des idéologies, la notion de progrès a été délaissée. On préfère désormais invoquer celle d'innovation qui renvoie aux logiques de productivité à court terme. De nouvelles technologies se développent en permanence, de nouveaux produits viennent transformer les habitudes sans que l'on sache toujours s'ils apportent un progrès ou s'ils viennent simplement déstructurer et disrupter de vieilles organisations pour en capter la valeur. À l'inverse de l'innovation, le progrès implique une inscription dans le temps long, qui laisse entrevoir un horizon commun. La perspective de cet horizon commun, au travail mais aussi dans la société, est l'une des conditions d'un retour au collectif, à l'unité. « Faire progresser l'idée de progrès », comme le dit Étienne Klein – un progrès qui combinerait par exemple impact environnemental et bien-être au travail –, participerait à restaurer l'espérance, et à mobiliser pour bâtir un futur désirable.

Plutôt que lire dans les soubresauts de l'actualité une crise de l'engagement, il est plus fructueux d'y voir une grande impatience : une envie de contribuer à la construction d'un monde désirable, un appel à en finir avec les logiques du moins-disant, de l'effondrement et du déclin, un désir de participer à la création d'un environnement dans lequel il est possible de progresser ensemble.

Mon propos ici sera de mieux cerner le rôle de l'entreprise face à cette grande impatience. Le monde de l'entreprise, celui de la vie citoyenne, celui de la vie personnelle, ces trois mondes forment un Tout. Reconnaître ce Tout, c'est se donner une chance de s'ouvrir à de nouvelles formes d'engagement dont l'entreprise et ses salariés pourraient sortir gagnants.

PARTIE I

FORMES ET RESSORTS D'UN POTENTIEL DÉSENGAGEMENT

I.

Du désir de sens au travail au désengagement militant

Les mutations qui étaient déjà en cours dans le monde du travail se sont accélérées depuis 2020. La pandémie a laissé des séquelles qui impactent aussi notre état d'esprit. Comme après chaque période de crise, les cartes sont rebattues, le monde du travail a évolué. Après la généralisation du télétravail, le retour dans les entreprises a parfois été extrêmement difficile, les démissions se multiplient autour de nous et les difficultés à recruter sont réelles. *Quiet quitting*, grande démission, fin de l'ambition… À coups de formules chocs, les médias se font régulièrement et massivement le relais de ces évolutions.

Mais au-delà des *punchlines* bien senties, de quoi ce désengagement est-il le nom ? Au cœur de ces sujets se trouvent les notions de sens, d'utilité et de reconnaissance. La recomposition en cours conduit certains à se méfier des entreprises et de ce qu'elles représentent, quand d'autres aspirent avant tout à un nouvel équilibre.

***

Aux États-Unis, le mouvement est considéré comme massif : une vague de démissions a déferlé sur le pays pendant près d'un an. En mars 2022, 4,5 millions d'Américains avaient quitté leur emploi, s'ajoutant aux 38 millions de démissionnaires en 2021, selon les données de l'institut de statistiques rattaché au département du travail américain. C'est le *big quit*, la « grande démission ».

La France n'est pas épargnée même si l'ampleur du phénomène doit être relativisée. Entre juillet 2019 et juillet 2021, les démissions et ruptures anticipées de CDD avaient respectivement augmenté de 20 % et 25 %[1] selon le ministère du Travail. Cette croissance continue de se poursuivre, mais dans des proportions moindres. Pour spectaculaire qu'elle soit, cette augmentation doit être nuancée. À chaque période de crise, note l'Institut d'analyses et de statistiques du ministère du Travail (Dares), le taux de démission baisse de manière significative et il augmente en période de reprise. Après la crise de 2008, par exemple, le ministère du Travail note que le taux de démissions était plus élevé qu'en 2022[2]. En s'appuyant sur les données des vingt dernières années, l'étude montre que l'on fait face à un phénomène cyclique. Ce diagnostic est confirmé y compris lorsque l'on prend en compte les ruptures conventionnelles, supérieures à 2008, dont une bonne partie peut être substituée aux démissions. Dans l'ensemble, les ordres de grandeurs restent comparables avec ceux de la crise précédente. Il serait donc hâtif de s'appuyer sur ces chiffres pour parler de grande démission au sens où on l'entend à travers les médias.

En revanche, le ministère du Travail considère que le phénomène est à mettre en lien avec les tensions sur le marché du travail, aujourd'hui extrêmement dynamique en faveur des salariés. Car les difficultés à recruter sont bien réelles. Elles touchent tous les secteurs. Plus de 81 % des entreprises du bâtiment déclarent rencontrer des difficultés à recruter. C'est également le cas pour 67,2 % des industries manufacturières et 59,6 % des entreprises des services, relève le ministère du Travail (sans parler des opérateurs de transports...). Une situation qui, considère-t-il, pourrait bénéficier aux salariés.

---

1. Dares, *Indicateurs*, « Mouvements de main d'œuvre », n° 61, novembre 2021.

2. Dares, *La France vit-elle une « Grande démission » ?*, octobre 2022.

De fait, on assiste à une forme d'inversion des rapports de force habituels entre employeurs et candidats, lesquels n'hésitent plus à demander des garanties avant de s'engager dans un emploi, ou à le refuser sans nécessairement avoir une autre option vers laquelle se tourner. 86 % des entreprises affirment n'avoir pas suffisamment de candidats aux offres publiées selon les données collectées par Pôle Emploi[3]. Dans le même temps, les intentions d'embauche ne cessent d'augmenter : l'organisme a relevé plus 3 millions de projets de recrutement pour 2022, soit 12 % de plus qu'en 2021, dont près des trois quarts sont des projets d'embauche durable, en CDI ou CDD de plus de six mois. Le marché de l'emploi affiche donc un dynamisme certain, et les besoins en main-d'œuvre sont là, tous secteurs confondus. C'est l'engagement, au sens premier du terme, qui est difficile. Le taux de difficulté à recruter, souligne l'étude, est particulièrement élevé pour les professions de santé (infirmiers, cadres-infirmiers, aides-soignants et puériculteurs, notamment), les éducateurs spécialisés et les professions de l'animation, les métiers de service à domicile, certaines professions du bâtiment et les conducteurs de transports en commun sur route.

La rentrée 2022 a aussi mis en avant des problèmes de recrutement massifs de professeurs. Le nombre de candidats aux concours ne cesse de baisser, certaines académies ont mis en place des procédures de recrutement accéléré de contractuels, des « *job dating* » très médiatisés et très décriés. Les difficultés sont tangibles, les postes ne sont pas pourvus, les remplacements ne sont pas assurés. Certains enseignants parlent d'une crise des vocations, nombreux évoquent des reconversions. Les concours attirent toujours moins de monde. En 2022, la session de juillet a laissé plus de 4 000 postes non pourvus, faute d'un nombre de candidats suffisant et la période d'inscription à la session de décembre a été prolongée de deux semaines pour la même raison.

3. Pôle Emploi, *Enquête « Besoin en main d'œuvre »*, avril 2022.

À l'hôpital, le manque d'infirmiers, de cadres-infirmiers et d'aides-soignants est criant. Pôle emploi montre qu'en cinq ans, le taux de difficulté à recruter des infirmiers, aides-soignants et puériculteurs a augmenté de plus 50 %. À l'hôpital, le taux d'absentéisme affiche un niveau élevé, près de 10 % en 2021, et les difficultés à recruter infirmiers et aides-soignants sont importantes selon la fédération hospitalière de France[4].

La restauration a eu un redémarrage extrêmement difficile à la réouverture. Il manque encore 3 000 à 4 000 chauffeurs dans les transports urbains en France. Dans le secteur du bâtiment, l'industrie automobile, mais aussi les pharmacies, les candidats manquent à l'appel. Ouvriers qualifiés, professeurs, professions de santé, vendeurs… Si l'on ne saurait parler de grande démission, il faut tout de même s'attarder sur l'ampleur du phénomène, qui touche toutes les classes sociales et tous les métiers. Ce qui frappe ici, c'est qu'une partie des « premières lignes », ceux dont l'utilité a pourtant été mise en avant au moment de la pandémie, sont concernés au même titre que d'autres métiers, parfois même plus, comme on peut le constater en ce qui concerne les professions de santé. Eux aussi, se désengagent.

Ce qui est en cause, bien souvent, ce sont les conditions de travail ; des métiers exigeants physiquement, en prise avec un public parfois agressif, prenant sur la vie de famille, laissant peu de choix et de liberté d'organisation, des journées hachées, temps partiels contraints… L'étude de la fédération hospitalière montre par exemple que les difficultés de recrutement portent essentiellement sur les postes en travail de nuit et de week-end. La difficulté de ces conditions de travail vient cristalliser un sentiment de manque de reconnaissance. L'économiste et anthropologue Philippe d'Iribarne évoque, lui, un « sentiment de déclassement[5] » généralisé. C'est, au

---

4. Fédération hospitalière de France, Enquête avril/mai 2022.

5. Philippe d'Iribarne, *Le grand déclassement,* Paris, Albin Michel, 2022, 176 p.

fond, aussi la prolongation du mouvement des gilets jaunes (né avec la perspective de l'instauration d'une taxe carbone), qui a mis en exergue les difficultés, parfois, à vivre bien de son seul emploi : difficultés à se loger, à se transporter, à faire face à des coûts importants. Ce sentiment, estime le chercheur, touche désormais toutes les catégories de la population jusqu'à la classe moyenne et certaines catégories aisées. Ces « premières lignes », évidemment, mais aussi les cadres et même certains cadres supérieurs, qui sont « à la peine », et qu'un fossé vient séparer des cadres dirigeants, les petits entrepreneurs et les indépendants, dépendants des grandes entreprises et aux prises avec des règles et une bureaucratie changeantes, mais aussi la fonction publique. L'impact du travail sur la valorisation sociale participe beaucoup, selon le chercheur, de ce sentiment de déclassement : « la position que l'on occupe dans la société [...] doit beaucoup au caractère plus ou moins noble des fonctions que l'on exerce, de la formation que l'on a reçue ». Si l'on en croit une récente étude de Romain Bendavid, c'est particulièrement vrai pour les fonctionnaires, lesquels associent plus la « fierté » au travail que les autres professions[6]. Ce parti pris de l'importance du travail dans la définition de soi doit en revanche être nuancé à ce jour. Si 86 % des Français estiment que leur travail tient une place « importante » dans leur vie, poursuit l'étude, ils ne sont plus que 24 % à lui accorder une place « très importante », contre 60 % dans les années 1990. C'est peut-être cette évolution qui marque le plus nettement la réalité du désengagement dans le travail.

1. Perte de sens au travail

Ils ont symbolisé ce qui a pu être qualifié de dérives de l'économie de marché, ils incarnent la perte de sens au travail :

---

6. Romain Bendavid, *« Plus rien ne sera jamais comme avant » dans sa vie au travail*, Fondation Jean Jaurès, juillet 2021.

les *bullshit jobs*[7], ou « métiers à la con », n'ont pas disparu. Théorisé par l'anthropologue et économiste David Graeber dès 2013, le concept de *bullshit jobs* a connu une forte résonance auprès du public. Aujourd'hui encore, ils continuent de faire couler de l'encre. S'ils recouvrent un concept dont l'auteur lui-même reconnaît le manque de précision, beaucoup se sont reconnus dans la théorie énoncée par l'économiste.

On peut dépeindre ces emplois de la manière suivante : un titre à rallonge, un peu ronflant – en anglais le plus souvent – qui ne peut être expliqué simplement et généralement perçu comme l'expression la plus pure de la novlangue *corporate*. Ainsi les *chief happiness officers*, responsables du bonheur au travail, en vogue à l'époque du concept développé par Graeber, ont-ils été l'illustration la plus caricaturale de ces métiers. S'ils ont un titre qui peut paraître valorisant, la particularité de ces emplois est la plupart du temps de comporter des tâches qui peuvent sembler vaines, voire absurdes, tant on n'en perçoit pas l'utilité ou l'inscription dans une œuvre commune globale. Pour montrer l'absurdité de la bureaucratie dans l'entreprise, et le sentiment d'inutilité et de perte de sens qui en résulte, Graeber prend ainsi l'exemple extrême d'un petit sous-contractant de l'armée allemande dont le travail était de parcourir chaque semaine des centaines de kilomètres pour signer une autorisation permettant de déplacer l'ordinateur d'un soldat se trouvant dans une pièce à côté.

Des chercheurs ont récemment nuancé la théorie des *bullshit jobs* telle qu'énoncée par Graeber. Avancée comme un phénomène massif touchant 37 % à 60 % des gens, une étude[8] de la revue *Work, Employment and Society* montre qu'en fait, seuls 4,8 % des travailleurs estiment réellement occuper un

---

7. David Graeber, *Bullshit jobs*, trad. Elise Roy, Paris, Les liens qui libèrent, 2018, 416 p.

8. Magdalena Soffia, Alex J Wood, Brendan Burchell, « Alienation is not "bullshit" : an empirical critique of Graeber 's theory of BS jobs », *Work, Employment and Society*, juin 2021.

tel emploi au sein de l'Union Européenne. Par ailleurs, estime l'étude, telle que formalisée, la théorie des *bullshit jobs* tend à minimiser les causes du mal-être au travail au-delà du seul intérêt du poste occupé, notamment parce qu'elle laisse de côté les facteurs collectifs du mal-être, comme l'environnement de travail ou un management néfaste.

Il n'en reste pas moins que cette théorie a trouvé un large écho. Elle s'est fait le relais d'un sentiment plus largement partagé : celui de la perte de sens au travail. Dans les témoignages issus de la presse ou du livre de Graeber, les métiers mis en opposition à ces « jobs à la con » sont la plupart du temps des métiers dits manuels : boulanger, déménageur, charpentier… Des emplois où l'on voit concrètement l'aboutissement de son travail à la fin de la journée : les baguettes sont faites, les poutres montées, l'appartement est vide. On en voit la fin. La finalité, surtout. La question de l'utilité se mêle ici à celle du sens. Elle en est l'un des moteurs et participe à le définir.

La crise du Covid a cruellement mis à jour cette réalité, lui donnant une traduction physique. Les confinements, le déploiement massif du télétravail ont vidé les rues et les bureaux. Dans le même temps, ceux que l'on a appelés les « premières lignes » – professions de santé, évidemment, mais aussi caissiers, chauffeurs routiers et de transports en commun, ouvriers du bâtiment, agriculteurs, agents de nettoyage ou aides à domicile – étaient rendus d'autant plus visibles qu'ils étaient seuls à sortir. Ils étaient indispensables à la marche de leur entreprise, de l'économie, et même du pays. Cela a pu être vécu par ceux qui ont le sentiment d'occuper des *bullshit jobs* comme un coup de projecteur sur leur supposée inutilité. La hiérarchie s'en est trouvée – très provisoirement – un peu bousculée : ceux qui étaient essentiels n'étaient pas ceux qui sont valorisés traditionnellement. La réalité de la désindustrialisation est aussi apparue sous un jour nouveau et certains des choix stratégiques opérés ces trente dernières années ont été remis en cause, au moins en partie. Les pénuries de médicaments, de masques, de respirateurs sont venues mettre en évidence la nécessité, l'urgence même, de relocaliser certains métiers, certaines chaînes de production. L'importance des emplois touchés par la délocalisation a fait l'objet d'une nouvelle attention.

Au-delà de la mise en lumière de ces métiers, le déploiement en masse du télétravail qui s'est imposé depuis la pandémie est en train de modifier en profondeur le panorama de l'emploi. Pendant que l'on réfléchit activement à relocaliser certaines productions – et donc certains métiers – et que l'on fait face à des difficultés de recrutement massives, le télétravail offre de nouvelles perspectives aux entreprises, notamment en termes de délocalisation. Le phénomène est déjà très engagé pour les services informatiques et les services clients, mais il pourrait s'élargir considérablement. « Plus une économie est basée sur des activités de services qualifiés, plus sa main-d'œuvre est susceptible de travailler à distance[9] » analyse le groupe Coface ; 160 millions d'emplois seraient « télétravaillables » dans les économies à revenu élevé. En France, l'assureur évalue à 7 % les économies que les entreprises pourraient réaliser en termes de coût du travail si 25 % de ces emplois étaient délocalisés. L'étude pointe toutefois les risques politiques et sociaux à opérer un tel mouvement, faisant le parallèle avec les désindustrialisations massives des pays développés. Un autre risque majeur est de favoriser une forme d'anxiété chez les cadres. Cette reconfiguration du paysage de l'emploi contribue à alimenter les questionnements en utilité et le sentiment de perte de sens.

Or, la quête de sens est désormais reçue comme une injonction – une de plus. Pour se réaliser professionnellement, il faut un travail qui ait du sens. Cela se matérialise très concrètement dans l'explosion des projets de reconversion. L'entreprise Switch collective, spécialisée dans les changements de parcours,

9. Coface, *Focus sur le télétravail : les risques et les opportunités de la délocalisation virtuelle*, juin 2021.

témoignait avoir doublé ses inscriptions depuis la pandémie[10]. Parmi les secteurs qui attirent le plus les aspirants à la reconversion : le bien-être, ou le coaching. Près de la moitié des actifs envisage ou est engagée dans une démarche de reconversion (47 % au total), selon France Compétences[11], l'institution gouvernementale en charge de la formation professionnelle. Les profils de ces actifs font apparaître que les personnes engagées dans ce type de démarche sont jeunes, plutôt diplômées et majoritairement des femmes. Le commerce et l'artisanat figurent parmi les choix privilégiés pour un changement de métier, où l'on retrouve la notion d'utilité et le sentiment de perte de sens chez certains métiers de cadres et d'employés.

Il ne s'agit pas de critiquer cette recherche de sens et d'utilité, qui est saine en soi. C'est le principe même qui a présidé à la construction de la société, de l'entreprise et du travail : être utile les uns aux autres. Or, dès l'instant où cela devient une exigence, comme celle du bonheur, cela vient mettre une pression supplémentaire dans l'accomplissement de sa vie active. Cette course au sens ne nous a-t-elle pas fait perdre la notion même de ce qu'est le sens au travail ?

Il s'agit au fond de répondre aux questions suivantes : comment et pourquoi travailler ? La déclaration de Philadelphie, adoptée en 1944 pour poser les buts et objectifs de l'Organisation internationale du travail, propose une définition du travail selon laquelle chacun doit être employé à « des occupations où ils aient la satisfaction de donner toute la mesure de leur habileté et de leurs connaissances et de contribuer le mieux au bien-être commun[12]. » Voilà qui répond aux deux questions.

La satisfaction d'un travail bien fait qui mobilise un savoir-faire, un horizon et la conscience de participer à une œuvre

10. Boris Manenti et Agathe Ranc, « La fin de l'ambition », *L'Obs* n° 3005, mai 2022.

11. France compétences, *Parcours de reconversion professionnelle*, février 2022.

12. Article 3 de la Déclaration de Philadelphie.

commune : ainsi peut-on définir les composantes du sens au travail[13], selon Alain Supiot. La muraille de Chine a été construite par fragments et non d'un bloc, nous apprenait Kafka. Pourquoi ? Pour que les ouvriers aient la satisfaction de voir l'aboutissement de leur travail et, ainsi, mettent du cœur à l'ouvrage. Sans cela, « le morne désespoir de ce labeur sans trêve [...] les eût rendus impropres au travail[14] ». Peu importe, finalement, la nature des tâches réalisées. Au fond, le sens au travail, c'est essentiellement le sens de l'œuvre accomplie – de la mission dirait-on aujourd'hui. On peut avoir un « job à la con » et y trouver du sens si l'on perçoit la finalité de ce que l'on entreprend et si l'on comprend dans quelle œuvre collective cela s'inscrit. La notion de collectif est ici fondamentale. Que l'on travaille seul ou dans une entreprise, l'idée de faire œuvre utile, de participer à quelque chose de plus grand que soi participe pleinement du sens au travail.

Or, Alain Supiot fait le constat que ces notions ont précisément disparu des relations de travail. Il en impute la responsabilité à ce qu'il nomme la « gouvernance par nombres[15] ». La financiarisation de l'entreprise, la logique productiviste associées à la transformation numérique ont, dit-il, déshumanisé le travail. Il décrit des personnes dont le travail est conçu « sur le modèle des ordinateurs », évalués « à l'aune d'indicateurs de performance coupés de leur expérience concrète de la tâche à accomplir ». De fait, l'exigence de productivité toujours plus forte a conduit à une multiplication des processus de contrôle et à une bureaucratisation galopante des entreprises. Pour y répondre, on se perd dans des tâches dont on ne perçoit pas la finalité. Le travail n'est donc plus qu'un « moyen au service d'une fin financière », selon Alain Supiot.

---

13. Alain Supiot, *Le travail n'est pas une marchandise, Contenu et sens du travail au XXIe siècle*, coll. « Leçons de clôture », Paris, Collège de France, 2019.

14. Franz Kafka, *La muraille de Chine et autres récits*, Paris, Gallimard, 1950.

15. Alain Supiot, *Le travail n'est pas une marchandise, op. cit.*

Par ailleurs, ces logiques tendent à mettre de côté toute la dimension par définition incalculable du travail : la créativité, l'intuition, les échanges humains… Dans le même temps, cette pression n'épargne pas les dirigeants, desquels légitimement il est attendu réactivité, exemplarité, atteinte des objectifs, mais aussi bienveillance… Philippe d'Iribarne s'inscrit dans la même lignée tout en pointant des spécificités françaises[16]. Selon lui, l'idéologie managériale ôterait aux Français le sentiment de « faire un bon travail » ; elle alimenterait un rapport strictement instrumental au travail qui ne répond pas, estime le chercheur, à la « grandeur » – autrement dit au sens – qu'ils recherchent à travers leur travail. Cette relation de plus en plus fondée sur le *reporting*, les objectifs à remplir, conduirait à dévaloriser celui qui connaît son métier, précisément parce que le travail au quotidien repose davantage sur des procédures à appliquer et fait moins appel à l'intelligence, à la créativité de celui ou celle qui l'exerce. Au fond, la mission, ce qui fait le cœur du métier ou du poste occupé, tend à disparaître au profit de ces procédures standardisées. À l'inverse, dans les pays anglo-saxons, la relation managériale est, souligne-t-il, davantage perçue comme un rapport contractuel, le management par objectifs y est donc vécu comme un contrat clair. C'est le fond de l'œuvre à réaliser, ou la mission, qui devrait être au cœur de la notion de sens au travail.

2. Vers un désengagement militant

Là encore, le Covid a laissé des traces. Après avoir expérimenté d'autres cadres de travail et des équilibres de vie parfois meilleurs, sans trajets quotidiens épuisants, permettant de passer plus de temps avec ses proches, nombreux sont ceux qui questionnent leur vie professionnelle et leur implication

16. Philippe d'Iribarne, *Le grand déclassement*, *op. cit.*

dans l'entreprise. Le présentéisme, les horaires à rallonge ou le manque de souplesse sont de moins en moins acceptés. Les attentes et le seuil de tolérance ont significativement évolué. De nombreuses études constatent que le travail demeure un enjeu personnel, mais avoir du temps libre prime pour beaucoup sur le fait de gagner de l'argent.

La notion d'équilibre entre la vie professionnelle et la vie personnelle est plus que jamais centrale mais elle est déjà presque dépassée. C'est le modèle même de la réussite professionnelle « à l'ancienne » qui est remis en question : gagner toujours plus, progresser en hiérarchie, ça ne va plus forcément de soi aujourd'hui. L'idée de faire des sacrifices pour le bien de sa carrière n'est plus acceptée à n'importe quel prix. De plus en plus, le salarié cherche à s'épanouir hors du travail. Cette recherche d'équilibre entre une évolution des valeurs personnelles et collectives, sphères professionnelle et personnelle explique en grande partie le désengagement auquel nous faisons face. Le contrat traditionnel qui lie une personne à son entreprise – salaire contre engagement – n'est plus suffisant pour retenir les talents, ni même pour les faire venir.

Cette modification sensible du rapport au travail se traduit aussi dans ce que l'on a appelé le *quiet quitting*, ou la démission silencieuse, ce phénomène du « moins faire » où les salariés, sans aller jusqu'à démissionner, ne font que le strict minimum de ce qui leur est demandé. Ce n'est, en réalité, que l'une des manifestations du désengagement des salariés par rapport à leur travail. La place du travail a évolué : la famille, les amis et même désormais les loisirs, passent au premier plan pour les Français. Cela démontre une prise de distance inédite : le travail n'est plus aussi structurant qu'avant. La résilience dont chacun a fait preuve pendant la pandémie a renforcé la distance vis-à-vis du travail. Ce qui est nouveau, c'est l'importance accordée à la sphère privée et son irruption dans l'environnement professionnel. L'enquête de Romain Bendavid met en lumière le fait que le phénomène n'est pas seulement lié au Covid. Ces aspirations sont croissantes depuis les années 2010.

La crise sanitaire a seulement accéléré la révolution du télétravail et laissé entrevoir que d'autres modes d'organisation, plus compatibles, justement, avec la sphère privée, étaient possibles. Le bien-être au travail apparaît désormais comme une préoccupation majeure. Il s'est invité dans les entretiens d'embauche et les candidats en font un critère de choix. Signe que cette évolution s'ancre dans le temps, les employeurs comprennent ces nouvelles attentes de leurs collaborateurs. C'est depuis quelque temps un sujet de préoccupation des entreprises. Au-delà des questions de qualité de vie et de bienveillance traditionnellement associées au bien-être au travail, la notion d'utilité – pour soi, mais aussi pour la société – contribue à « se sentir bien » dans son travail, à lui donner du sens.

Dans leur quête d'utilité sociale, certains sont engagés dans une démarche plus radicale. « À nos yeux, ces jobs sont destructeurs, et les choisir, c'est nuire[17] » affirmaient des étudiants d'AgroParisTech le 30 avril dernier dans leur discours de remise des diplômes, appelant leurs camarades à « déserter » lesdits emplois. Le discours n'est pas passé inaperçu même si ça n'est pas le premier du genre. Quelques étudiants des grandes écoles mettent en cause l'enseignement qu'ils reçoivent et les parcours de vie auxquels ils sont promis. Ils leur reprochent l'absence de prise en compte du réchauffement climatique, ses impacts et ses causes. Ils dénoncent un formatage et la soumission à une doxa libérale en décalage avec les enjeux sociaux et écologiques. L'inertie de l'ensemble des acteurs face aux enjeux notamment écologiques questionne la pratique quotidienne de leur travail en entreprise.

Dès lors, une question peut se poser pour certains : faut-il tenter de changer le système de l'intérieur ou s'en éloigner ? Ce qui a changé la donne, c'est l'accélération du temps, c'est l'impatience. Les jeunes, mais pas seulement eux, se sentent pressés par ce qui est désormais perçu comme une urgence

17. Discours accessible *via* le lien suivant : <https://www.youtube.com/watch?v=SUOVOC2Kd50>.

écologique et sociale. Les comportements individuels, tournés de plus en plus vers des bénéfices à court terme, génèrent plus d'exigence vis-à-vis du travail. Selon une étude réalisée par Harris Interactive pour le « Collectif pour un réveil écologique », 65 % des 18-30 ans se disent prêts à renoncer à postuler à un emploi dans une entreprise qui ne prendrait pas suffisamment en compte les enjeux environnementaux[18].

Ancré dans une démarche résolument radicale, le collectif « Vous n'êtes pas seuls », fondé par un ancien cadre de la banque HSBC, incite à la « résistance » contre un système qui est jugé néfaste pour l'environnement. Il entend justement accompagner ceux qui souffrent d'une « fracture entre leur travail et leurs valeurs » et se positionne clairement en rupture avec le monde traditionnel.

Dans la même veine, d'autres, en écho à la sobriété nécessaire pour la transition écologique, optent pour le « détravail ». Ils prônent la sobriété professionnelle : travailler moins pour être en adéquation avec ses aspirations personnelles et ses convictions écologiques. Ils rejettent la centralité du travail et un mode de vie consumériste, choisissent la retraite à 30 ans et des vies plus simples, en marge du système qu'ils réfutent. Les témoignages de ces désertions affluent, ils sont mis en scène dans des tribunes, des lettres ouvertes ou des manifestes. Arthur Grousset, étudiant à Centrale Nantes, en a fait un documentaire intitulé *Ruptures*[19], où l'on suit six anciens étudiants dans leurs choix de vie. On peut ainsi y voir une jeune polytechnicienne qui a choisi de créer un village de *tiny houses*, des petites maisons écologiques, et revendique « travailler moins », ou un autre, qui a délaissé ses études supérieures pour des apprentissages qu'il juge « plus importants », permaculture, charpente… D'autres s'engagent bénévolement dans des modes de vie alternatifs,

18. Harris Interactive, *Les jeunes et la prise en compte des enjeux environnementaux dans le monde du travail*, mars 2022.

19. *Ruptures*, Arthur Grosset : <https://www.spicee.com/content/ruptures-34651>.

en communauté, comme La Bascule, le collectif fondé par l'entrepreneur Maxime de Rostolan. La démission revêt une dimension de plus en plus politique. Entre impatience et quête d'absolu, on met désormais en scène son refus de participer à un système qui est jugé néfaste pour l'homme et ne paraît plus adapté aux enjeux du monde.

Ce mouvement reste pour l'instant largement minoritaire et concerne principalement les grandes écoles, mais il tend à se structurer, signe d'une autre forme d'engagement, bien décidée à agir sur le monde réel. Des initiatives fleurissent un peu partout pour inciter à la mobilisation. Le *Manifeste pour un réveil écologique*, publié en 2018 par des étudiants issus de plusieurs grandes écoles parmi les plus prestigieuses – Polytechnique, HEC, ENS Ulm, AgroParisTech et Centrale Supélec –, a été signé par plus de 33 000 étudiants et a donné naissance au collectif du même nom. Ses objectifs sont d'influencer les programmes des formations universitaires pour une meilleure prise en compte de l'écologie, mais aussi d'aider les étudiants à s'orienter vers des emplois à réelle dimension environnementale. L'association publie par exemple un guide de questions à poser à un employeur lors d'un entretien d'embauche pour s'assurer de sa démarche écologique. Nombre d'étudiants, d'ingénieurs issus de grandes entreprises et d'autres acteurs du monde économique se sont aussi engagés chez les « shifters » de Jean-Marc Jancovici pour contribuer à faire aboutir son *Plan de transformation de l'économie française*.

Ce discours trouve un écho auprès d'un public toujours plus large et touche désormais des personnes qui n'ont pas nécessairement d'engagement militant. C'est le cas d'Anne-Fleur Goll, ancienne élève d'HEC, surnommée « HEC Rebel[20] » à la suite de son discours très engagé à la remise des diplômes de la prestigieuse école. Aujourd'hui consultante chez Deloitte,

20. Marine Miller et Margherita Nasi, « À Polytechnique et à Sciences-Po, vent de contestation lors des remises de diplômes face à l'urgence climatique et sociale », *Le Monde*, 25 juin 2022.

elle se défend de toute rébellion mais revendique un engagement fort pour faire évoluer le monde économique. Dans un contexte anxiogène, la période voit coexister plusieurs formes de contestation, entre démission militante, mise en marge volontaire et désir sincère de transformer les choses. Mais si l'on se met à l'écart de la société, comment participer à la changer ?

II.

La quête de la liberté individuelle

Parmi les manifestations du désengagement se trouve également la quête de la liberté individuelle. La liberté apparaît désormais comme une valeur refuge pour de nombreuses personnes qui revendiquent davantage de flexibilité dans leur travail, jusqu'à se laisser tenter par le travail indépendant. C'est la recherche d'une forme de contrôle sur sa vie alors que les événements extérieurs nous plongent dans l'incertitude. C'est, aussi, la suite logique de l'évolution des modes de travail. La généralisation du télétravail pendant la pandémie a ouvert la porte à des changements qui, parfois, rendent impossible le retour en arrière. Cela est particulièrement vrai pour ceux qui ont expérimenté de nouvelles manières d'articuler leur travail et leurs aspirations personnelles.

Cette quête de liberté n'est pas dénuée d'individualisme et elle ne va pas sans un certain prix, tant pour le collectif que pour chacun individuellement. Entre la promesse d'autonomie et d'indépendance et la réalité quotidienne, il y a toute une série de nuances qui ne sont pas sans risques. Comme toute évolution radicale, elle implique de trouver de nouveaux équilibres qui ne vont pas de soi, surtout si chacun reste guidé par ses seuls intérêts particuliers. De plus, le contexte économique, en se tendant, risque de rebattre les cartes et les certitudes.

1. Les promesses de l'ultra-flexibilité

C'est un changement de paradigme, et pas des moindres. La flexibilité est devenue la valeur cardinale à l'aune de laquelle on juge un emploi. Auparavant vécue comme le symbole du libéralisme économique, elle était essentiellement descendante : on demandait à ses collaborateurs de faire preuve de flexibilité. Mobilité géographique ou professionnelle, horaires de travail, il fallait être flexible pour l'entreprise. Elle renvoyait aux attentes de l'entreprise plutôt qu'à celles de ceux qui la composent. Plus souvent subie que choisie, elle était fréquemment dénoncée comme telle par les organisations syndicales.

Aujourd'hui, on assiste donc à un retour inversé de ce concept, désormais revendiqué par chacun, et vu comme un outil de prise en compte de ses aspirations personnelles. L'inversion sensible du rapport de forces entre candidats et employeurs le montre : les candidats sont de moins en moins prêts à accepter un emploi à n'importe quel prix. Les témoignages se multiplient de CDI refusés s'ils n'offrent pas de flexibilité. Certains iraient même jusqu'à ne pas postuler pour un job sans télétravail. Avoir un poste stable, où l'on se sent en sécurité, n'attire qu'un quart des 18-24 ans, alors qu'un tiers d'entre eux souhaitent un poste laissant du temps libre pour la vie personnelle[1]. Le rapport au CDI a sensiblement évolué. Il ne représente plus le graal ultime, gage d'une vie professionnelle engagée. La priorité est donnée au sentiment de liberté.

Il n'en reste pas moins qu'au cœur de cette notion se trouve la question du télétravail, désormais solidement ancré dans les modes d'organisation des entreprises. Il n'est plus une option et ceux qui ne le proposeraient pas auraient trop de peine à attirer certains profils. Le rythme de travail hérité de la révolution industrielle, centré sur un espace, avec des horaires de

---

1. Jérémie Peltier, *Les jeunes et l'entreprise*, BVA et Fondation Jean Jaurès, novembre 2022.

travail relativement fixes est désormais dépassé et le modèle qui s'impose peu à peu est celui du travail hybride : à la fois au bureau et à distance. En France, le rythme de travail se stabilise à deux jours de télétravail par semaine[2] pour trois dans les locaux dans la majorité des entreprises, selon une étude réalisée par le BCG et l'ANDRH. Cette étude montre également que les profils des personnes éligibles au télétravail s'élargissent sensiblement. 88 % des entreprises interrogées estiment que c'est pour elles un enjeu d'attractivité.

Lynda Gratton, professeure à la London Business School, juge cette évolution « irréversible[3] ». Les différentes études produites sur le sujet montrent que le travail à distance n'induit pas particulièrement de perte de productivité. La chercheuse y voit même l'opportunité de faire gagner ses collaborateurs en compétences, à travers, par exemple, des programmes de formation, grâce au temps gagné en ne se rendant pas dans les locaux de l'entreprise. Elle insiste, toutefois, sur la nécessité de bien définir les tâches qui peuvent être effectuées en télétravail et de porter une attention particulière aux conditions de travail des collaborateurs à domicile. Tout le monde n'a pas la même capacité à appréhender cette nouvelle liberté et il faut aussi en tenir compte. Pour qu'un tel système fonctionne, il doit reposer sur la confiance et sur un management réellement à l'écoute et disponible.

Mais le tout télétravail ne s'installe pas. Seules 1 % des entreprises interrogées par l'ANDRH y ont recours. Au-delà de la question du télétravail, c'est donc plutôt l'idée d'un travail « à la carte », flexible, qui fait son chemin. Le besoin d'autonomie se fait plus prégnant et les employeurs sont appelés à faire preuve de souplesse. Est-ce pour autant que le travail est moins engageant ?

---

2. ANDRH et BCG, *Après l'hybride, quels enjeux du futur du travail pour l'entreprise ?*, mars 2022.

3. Lynda Gratton, *Redesigning work : how to transform your organization*, Londres, Penguin Books, 2022, 256 p.

Certaines entreprises ont poussé la réflexion plus loin. C'est par exemple le cas de BDO France, cabinet d'audit et d'expertise financière, ou de Love Radius, qui produit des porte-bébés physiologiques. Toutes deux modifient leur rythme de travail à l'approche des périodes estivales, la première propose à ses salariés quatre jours de télétravail en juillet et août, ou leur offre la possibilité d'effectuer quatre semaines de télétravail consécutives, et la seconde passe à la semaine de quatre jours de mai à fin août.

La start-up Welcome to the jungle, spécialisée dans les offres d'emploi en ligne, a adopté des changements encore plus radicaux. Elle est passée à la semaine de quatre jours depuis 2019 et n'a pas de règles strictement définies en ce qui concerne le télétravail. Ses collaborateurs peuvent travailler d'où ils veulent. Elle va même jusqu'à leur proposer des espaces de travail au sein de coworkings près de chez eux. L'entreprise a documenté son expérience dans un rapport[4] où l'on peut lire que la semaine de quatre jours « symbolise le passage d'une culture fondée sur le contrôle à une culture basée sur la confiance ». Pour la start-up, l'expérience a aussi comme avantage de « décorréler le temps passé à travailler et la performance en ringardisant le présentéisme ». Tout comme la plupart des entreprises qui ont adopté la semaine de quatre jours, elle ne note aucune baisse de productivité. Certaines ont même plutôt relevé une hausse, parfois significative. Microsoft Japon enregistrait ainsi une augmentation de 40 % de la productivité à la suite de son passage à la semaine de quatre jours, une donnée qui a son importance au pays du présentéisme. L'étude menée par Welcome to the jungle établit également « une corrélation forte entre la sensation personnelle de maîtriser son temps et l'estime de soi ». Là est l'une des clés de la flexibilité : retrouver une sensation de maîtrise sur sa vie, tant personnelle que professionnelle.

---

4. <https://pros.welcometothejungle.com/fr/resources/semaine-quatre-jours-etude-welcome-to-the-jungle/>.

Toutes ces entreprises figurent régulièrement au palmarès des *Best places to work*, signe que la flexibilité est bien devenue le nouvel eldorado des travailleurs. Est-ce que la confiance est toujours au rendez-vous ? Est-ce que l'engagement est durable ?

Poussé à l'extrême, ce rêve d'autonomie, de liberté et d'indépendance amène de plus en plus de monde vers le travail indépendant. On ne parle pas ici exclusivement des activités intellectuelles. Être son propre patron, ne plus subir les rigidités d'une organisation, sont des rêves que caressent de plus en plus de salariés. Perçu comme la forme ultime de la liberté au travail, le travail indépendant séduit notamment les jeunes, qui seraient près de 50 %[5] à envisager de créer une entreprise, d'en reprendre une ou de travailler à leur compte. La promesse de l'indépendance, c'est l'assurance d'une vie professionnelle dégagée des contraintes du travail : sans supérieur hiérarchique, horaires imposés ou collègues subis. L'individualisation du travail dans sa forme la plus pure.

Les chiffres sont éloquents. Près d'un million d'entreprises ont été créées en 2021, un chiffre largement porté par les micro-entreprises[6], note l'Insee. Ce chiffre est supérieur de 80 % à son niveau moyen sur la période 2010-2017, témoignant d'un engouement récent plus fort encore. Depuis la création du statut d'auto-entrepreneur en 2009, le nombre de personnes y ayant recours n'a cessé d'augmenter jusqu'à près de 2 millions à la fin de 2020 selon le baromètre Urssaf.

L'engouement pour la création d'entreprise ou le travail indépendant est réel et il attire des profils qui seraient de plus en plus variés. L'étude de l'Insee le confirme, le deuxième secteur dopant les créations d'entreprises en 2021 a été celui des « activités spécialisées, techniques et scientifiques ». L'Institut

---

5. Fanny Lederlin, « Le jour où le monde du travail explosa », *Le Monde*, Hors-série, septembre-novembre 2021, p. 70-73.

6. Éric Hofstetter, *Essor des créations de société et de micro-entrepreneurs en 2021*, Insee première, février 2022.

de la statistique montre que l'augmentation concerne essentiellement les activités de conseil pour les affaires, la gestion, le design, et le conseil en relations publiques et communication. Malt, plateforme de mise en réseau d'indépendants et d'entreprises, a par exemple constaté une augmentation de 63 %[7] des inscriptions sur son site internet de métiers dits « établis », comme des chefs de projet, des commerciaux ou des fonctions support entre 2020 et 2021. Un quart des professionnels du numérique en Europe sont des indépendants selon Eurostat. Les entreprises sont également de plus en plus nombreuses à faire appel à des free-lances, notamment pour pallier la pénurie de compétences dans certains domaines. Il est certain que le développement du travail hybride a contribué à accélérer ce phénomène. L'explosion du télétravail, déjà massivement pratiqué par les indépendants, a ouvert des perspectives à des professions qui n'auraient sans doute pas imaginé exercer leur métier différemment.

Ceux qui se lancent y voient le moyen de choisir leurs clients et donc le contenu de leurs missions, une plus grande flexibilité d'organisation, mais aussi la perspective d'une vie professionnelle plus variée qu'en entreprise. C'est aussi la possibilité d'être plus en accord avec leurs valeurs. La quête d'indépendance répond à une quête de sens.

Voilà la promesse de l'ultra-flexibilité : du sens, de la liberté et une vie sur mesure. Sur le papier, elle est séduisante. Semaine de quatre jours ou travail hybride, elle donne lieu à l'émergence de réels progrès. Mais les promesses comportent toutes une part d'illusion.

---

7. Malt et BCG, *Freelancing in Europe, Zoom sur la France, l'Espagne et l'Allemagne*, 2022.

2. Les risques d'un modèle basé sur la liberté individuelle

La promesse de liberté vient avec un coût, et il est parfois élevé. En témoigne ce que les Anglais nomment la *gig economy*, l'économie des petits boulots, très largement critiquée et dénoncée comme la forme ultime de la précarisation du travail. La réalité globale du travail indépendant dépasse le seul phénomène de la montée en compétences des travailleurs indépendants. Puisque cet engouement pour la création d'entreprise est largement dopé par le statut d'auto-entrepreneur, il convient aussi d'observer cette réalité-là de près.

Quel est le portrait-type d'un auto-entrepreneur ? C'est d'abord une personne qui cumule plusieurs emplois, salarié et non salarié. Le panorama dressé par l'Insee nous apprend que 80 % des revenus des auto-entrepreneurs sont constitués par des revenus salariés[8]. En moyenne en 2017, poursuit l'institution, ils gagnaient 470 € par mois, contre 3 500 € par mois pour les autres professions indépendantes, celles-ci recouvrant également les professions libérales comme les médecins ou les professions juridiques qui affichent des revenus significativement plus élevés. Pour beaucoup, il s'agit donc d'une activité annexe permettant de bénéficier d'un complément de salaire et d'arrondir les fins de mois. Les autres parviennent avec difficulté à dégager des revenus suffisants.

Les plateformes numériques ont participé de manière significative à cet essor, faisant miroiter indépendance et flexibilité. À tel point qu'un terme définissant cette économie et ses dérives a émergé : l'ubérisation. Ayant fait son entrée dans le dictionnaire, le Larousse le définit comme la « remise en cause du modèle économique d'une entreprise ou d'un secteur d'activité par l'arrivée d'un nouvel acteur proposant les mêmes services à prix moindres, effectués par des indépendants plutôt

8. Insee, *Vue d'ensemble : panorama de l'emploi et des revenus des non-salariés*, avril 2020.

que des salariés, le plus souvent *via* des plateformes de réservation sur internet ».

Plus d'une dizaine d'années après leur arrivée sur le marché, à l'enthousiasme suscité par ces nouveaux modèles économiques succède une prise de conscience teintée d'amertume. Uber, Deliveroo et consorts n'ont pas tant créé de l'emploi que des petits boulots, voire une forme d'asservissement moderne. Car il s'agit bien de travailleurs précarisés, contraints de travailler un grand nombre d'heures pour obtenir un revenu correct, dépendant des plateformes, de leurs applications, de leurs règles de fonctionnement et de leurs horaires. Chacun d'entre eux est isolé, renvoyé à sa supposée indépendance, privé du lien et de la force structurante du collectif. Des garde-fous sont progressivement installés un peu partout. En Angleterre et en Espagne, la loi a accordé aux livreurs Uber et Deliveroo un statut de salarié ouvrant des droits. En France, la justice a requalifié plusieurs statuts d'indépendant en contrat de travail, reconnaissant l'existence d'un lien de subordination entre le travailleur et la plateforme.

Ce même lien de subordination dont on cherche à s'échapper lorsque l'on se met à son compte subsiste malgré tout. Dans le cas de cette « économie de la débrouille », le travail doit être encadré. Dans tous les cas, une autre dépendance s'exerce venant des clients, ou des plateformes. Il est impossible de s'extraire totalement du lien avec les autres. On se dégage de ce qui peut sembler des contraintes, notamment des relations de travail ou des supérieurs qui ne sont pas choisis, mais ce faisant, on se prive aussi des autres composantes du lien, la convivialité tout comme l'entraide.

Le prix de la liberté, c'est aussi celui de la sécurité. Les plateformes numériques ont poussé cette logique à l'extrême, ne devant aucun compte ni aucune protection à leurs indépendants tout en s'affranchissant de leurs devoirs à l'égard de la collectivité, notamment en termes d'impôts. Le recours aux free-lances est aussi une manière, pour les entreprises, de se décharger d'une forme de responsabilité à l'égard des personnes qui travaillent pour elles. Cela vaut, d'ailleurs, pour le recours grandissant au conseil, qui permet finalement de substituer la responsabilité de la décision à des personnalités extérieures. Dans un contexte de pénurie de compétences, de montée en charge provisoire de travail ou de mise en place d'une stratégie nouvelle, faire appel à des indépendants est utile. Si l'on est face à des professionnels aguerris, cela peut même profiter à toutes les parties prenantes. Mais c'est aussi se délester des charges, au sens propre comme au figuré, se laisser la possibilité de mettre fin plus facilement à une collaboration. Les modèles anglo-saxons, qui privilégient l'ultra-flexibilité depuis longtemps, ne sont pas réputés pour être particulièrement protecteurs vis-à-vis de ceux qui travaillent dans ce modèle. C'est un risque qu'il faut être prêt à prendre, si l'on fait ce choix individuellement.

Chacun chez soi, chacun pour soi, c'est la maxime qui semble désormais prévaloir. Or, « pour se former et subsister les sociétés ont besoin d'un horizon commun[9] », qui laisse entrevoir, comprendre aussi, des réalités différentes de celles propres à chaque individu, juge Alain Supiot. Le risque du travail à la carte est bien là : faire disparaître le commun. Le temps dans l'entreprise ne se limite pas à une succession de tâches que l'on effectue de manière indépendante de ses collègues et de tous ceux qui composent l'entreprise en général. L'individualisme peut se révéler incompatible avec l'intérêt général. Au plus fort de la crise sanitaire par exemple, les dirigeants d'entreprise ont été confrontés à des « prises de liberté de collaborateurs, qui ont déménagé sans le signaler, par exemple. Pour 40 % de nos entreprises membres, les liens avec le collectif de travail se sont distendus » affirmait ainsi au *Monde* la vice-présidente de l'ANDRH[10].

---

9. Alain Supiot, *Le travail n'est pas une marchandise, op. cit.*

10. Anne Rodier, « Plus d'autonomie et de liberté d'organisation du travail : les manageurs jouent l'individualisation contre l'individualisme », *Le Monde,* 16 février 2022.

De ce point de vue, l'ultra-flexibilité fait miroiter un idéal de liberté, mais elle ne répond pas à la question du collectif et encore moins à celle de l'engagement. Elle répond à des aspirations légitimes de prise en compte de l'individu qui sont restées longtemps sous les radars de l'entreprise : une meilleure conciliation entre la vie professionnelle et la vie personnelle, des rythmes de travail plus adaptés et délestés du présentéisme, le besoin d'autonomie et de confiance pour citer les plus importants. Mais elle laisse de côté la dimension collective de la vie professionnelle et sans « horizon commun », quel collectif pouvons-nous construire ?

Le télétravail, le travail hybride n'engendrent pas – ou presque – de perte de productivité, c'est un fait. Il permet, au contraire, de poursuivre une très ancienne quête de rentabilité. Les entreprises qui basculent vers des rythmes de travail plus flexibles font la chasse aux temps morts dans l'entreprise et constatent à la fois des journées plus denses et une diminution des temps informels. La liberté vient parfois avec une sorte de marchandage. On accorde la flexibilité d'une main, mais on la reprend de l'autre en contrôlant à l'extrême et en exigeant plus de productivité.

Aller vers plus d'efficacité ne nuit évidemment pas, mais les temps informels sont loin d'être anecdotiques dans la vie de l'entreprise. Ils représentent même un levier de créativité non négligeable et un outil relationnel indispensable. Par écran interposé, les relations humaines ne sont pas fluides, elles suscitent des incompréhensions, parfois même des tensions. Le temps informel participe aussi de ce qui fait le temps de qualité de vie dans l'entreprise : la solidarité, l'entraide et la créativité. La capacité d'innovation d'une entreprise repose en grande partie sur la qualité des liens de ses collaborateurs, leur capacité à échanger et à faire naître des idées. C'est cela, pour beaucoup, le véritable accélérateur de décision. Ce temps long, détaché du livrable immédiat révèle aussi de temps en temps une impatience, cette fois du côté de l'entreprise.

Avec le travail à distance, le temps de travail est délesté de toute sa dimension créative et informelle, on se cantonne à sa « *to do list* », perdant de vue, d'une certaine manière, l'objectif plus global de ce que l'on fait. Il devient impossible, dans ce cas, de répondre au sentiment de perte de sens puisque l'on ne s'inscrit plus dans une œuvre collective commune. On se contente de faire sa part, au risque d'en perdre le sens. Rester vigilant sur les équilibres dans l'entreprise, c'est aussi penser au collectif et aux questions d'égalité de traitement.

Par définition inaccessible à certaines professions, dont la présence physique est indispensable à l'exécution de leur métier, le télétravail présente un risque non négligeable d'accentuer les inégalités et de créer un monde du travail à deux vitesses : flexible et propice à un meilleur équilibre de vie pour les uns, rigide et contraignant pour les autres. Ce faisant, le risque d'exacerber des tensions, déjà présentes au sein des entreprises comme au sein de la société, est lui aussi bien réel, et il faut lui prêter une attention particulière pour ne pas générer d'iniquité.

La principale difficulté qui se pose donc aujourd'hui est de parvenir à définir un cadre qui fasse grandir tout le monde, les individus et le collectif. Une organisation hybride suppose d'élargir la confiance que l'on donne à chacun, si l'on veut éviter une forme de « flicage ». Le management de proximité a de ce point de vue un rôle essentiel à jouer. Avec moins de temps collectif, le risque de passer à côté des « signaux faibles » est grand. Tout le monde n'a pas la capacité de vivre avec cette autonomie, que ce soit par nature ou simplement parce que l'on ne dispose pas des bonnes conditions pour travailler à distance. Le risque d'isolement n'est pas neutre, notamment chez les jeunes collaborateurs qui ont besoin d'un accompagnement particulier. L'intégration dans une entreprise, l'acclimatation passe nécessairement par ce temps informel, pour apprendre les codes du collectif, se former à un métier, un nouvel environnement. Il est moins aisé de transmettre ce savoir à distance.

Le brouillage des frontières représente un autre risque important. Cela a beaucoup été dit, le télétravail fait peser un risque de dilution du temps entre, justement, le temps personnel et le temps professionnel. Mais plus encore, il risque de supprimer tout ancrage. À force d'être un peu partout, en vacances, chez soi, mais au travail, on finit par n'être nulle part. Et l'on risque de perdre l'enracinement nécessaire dans le travail, pour comprendre que l'on fait partie d'un tout qui sert un objectif plus large.

3. Montée de l'individualisme : quel horizon commun ?

« Une société composée d'une poussière infinie d'individus inorganisés, qu'un État hypertrophié s'efforce d'enserrer et de retenir, constitue une véritable monstruosité sociologique[11] » alertait Émile Durkheim, il y a cent vingt ans. Cent ans plus tard, c'est pourtant une réalité qui semble advenue. C'est aussi le constat que dressait Zygmunt Bauman à travers sa critique de la « modernité liquide[12] ». Le sociologue décrit une société soumise à la « tyrannie du temps », où les crises se succèdent les unes après les autres. Dans ce monde mouvant, fait de changements constants, il devient impossible de se projeter. Chacun fait en sorte que les engagements, les liens puissent se dénouer facilement. Dans ce contexte, poursuit Bauman, la perspective d'un engagement fait naître chez l'individu la crainte qu'il ne vienne restreindre sa liberté future de choix. Les réseaux, aussi faciles à nouer qu'à dénouer, ont donc progressivement remplacé les communautés et les structures qui organisaient la société. L'État, les syndicats, les religions, les corps intermédiaires, tout ce qui apportait des structures et des voies de soutien collectif ont perdu progressivement leur

11. Émile Durkheim, *De la division du travail social*, préface de la seconde édition, PUF, 2013, 420 p.

12. Zygmunt Bauman, *Liquid modernity*, Polity Press, 2000.

capacité d'action. Les entreprises non plus, n'apparaissent plus comme des collectifs structurants. À l'aune de ce constat, il est intéressant de mettre en perspective l'analyse de Frédéric Dabi et Stewart Chau. Selon eux, les jeunes, notamment, font preuve de défiance à l'égard des institutions. Ils relient cela à l'urgence des crises qui se succèdent et montrent que les jeunes n'ont plus confiance dans l'action collective pour faire avancer une cause, au point de se réfugier dans l'action individuelle[13].

Cette horizontalisation va de pair avec une bureaucratie croissante liée à « l'obsession rationnelle » de la modernité, montre Bauman. Les nouveaux lieux de travail (*open space* et *flex office* en particulier) et les nouveaux modes de management concourent à diminution des solidarités et du sens du collectif. Dans la société liquide, chacun est libre, libre « de se définir en permanence ». Mais avec cette liberté, vient aussi la responsabilité de résoudre les problèmes d'ordre collectifs causés par l'individualisme. Chacun n'est responsable que de soi-même. La modernité liquide est aussi caractérisée par l'avènement d'une société du divertissement et du bien-être. Elle est, en France, bien réelle. La désindustrialisation constante des trente dernières années a laissé la place à une économie de la logistique et des loisirs comme l'ont longuement décrit Jérôme Fourquet et Jean-Laurent Cassely dans leur ouvrage[14]. Cette société du bien-être illustre le basculement vers une économie centrée sur soi. Le but ultime de cette modernité est de rendre la vie commode et confortable. Or, la quête de bien-être, estime Bauman, est incompatible avec les devoirs moraux que nous avons envers nous-mêmes ; prendre soin de nous implique parfois de faire des choses désagréables qui ne contribuent pas forcément à notre bien-être.

---

13. Frédéric Dabi et Stewart Chau, *La fracture*, Paris, Les Arènes, 2021, 288 p.

14. Jérôme Fourquet et Jean-Laurent Cassely, *La France sous nos yeux*, Paris, Seuil, 2021, 483 p.

Les nouvelles formes d'engagement qui émergent aujourd'hui – sans hiérarchie, peu ancrées dans la durée comme pouvait l'être l'engagement dans un parti ou une association – s'intègrent dans cette modernité. Mais elles montrent aussi « l'expression d'un besoin profond de solidarité[15] ». Les récentes études viennent attester cette affirmation de Bauman. Chacun – et notamment les jeunes – revendique un fort besoin de solidarité. Mais s'engager soi-même pour exprimer cette solidarité est une autre affaire. À peine un quart d'entre eux envisagent d'être membre d'une association, et 16 % seulement de participer à un « mouvement[16] ».

Désenchantement, sentiment d'impuissance à pouvoir changer les choses et à faire évoluer le modèle économique… Les excuses à l'indifférence sont nombreuses. Il faut accepter le temps de la transformation, particulièrement en ce qui concerne les impératifs écologiques qui exigent une modification en profondeur de nos modèles économiques et sociétaux. Là encore, l'entreprise doit composer avec l'impatience.

La dilution du collectif décrite par Bauman permet de se réfugier derrière une quête d'absolu. Elle freine toute action en se défaussant de sa responsabilité à l'égard du groupe. La faute est attribuée au « système », dont on ne sait pas très bien quelle réalité tangible il recouvre. Chaque action individuelle étant insuffisante à elle seule pour transformer la société, les petits gestes sont moqués. Pourquoi trier ses déchets, limiter ses voyages en avion, baisser sa consommation d'électricité si les entreprises ou les États ne font pas leur part ? Sur le plan de l'écologie, en particulier, l'horizon semble inatteignable tant la tâche paraît immense. Face à ce défi, c'est encore l'impatience qui gagne, et la quête d'absolu – il faut tout changer, tout de suite.

Le bruit ambiant dans lequel notre société évolue y contribue largement. À l'ère post-Wikileaks, il n'y a plus de *off*, plus

---

15. Simon Tabet, « Du projet moderne au monde liquide : Entretien avec Zygmunt Bauman », *Socio* juin 2017, p. 35-56.

16. Jérémie Peltier, *Les jeunes et l'entreprise*, *op. cit.*

de confidentialité, « le tribunal de l'opinion efface tous les autres[17] », le procès médiatique prime. La compréhension de la réalité est biaisée et les opinions prennent le dessus alors que le vivre-ensemble implique l'opposé : comprendre le réel, arrêter d'attendre des institutions, ne pas se contenter d'un civisme ordinaire… Sans cela, le terme d'engagement perd son sens. Dans ce contexte, la valeur actionnariale ne peut plus guider seule l'entreprise. Il faut renforcer les représentations dans les entreprises, remettre de la diversité, des perspectives, du questionnement. Cela passe par un dialogue avec la société civile qui, aujourd'hui, a envie de contribuer à la réflexion. Le défi, c'est de penser en même temps l'altérité et l'égalité.

L'indifférence peut mener à l'inaction, elle peut aussi avoir des conséquences délétères. Résister à l'indifférence, c'est se confronter au réel et avancer. Faire sa part, à sa mesure, pour le collectif. S'en détourner, c'est contourner la responsabilité qui incombe à chacun. Il nous faut maintenant sortir des discours déclinistes : la construction de l'avenir repose largement sur des mécanismes autoréalisateurs, or, comme le formule l'éditorialiste Éric Le Boucher : « chaque voix est indispensable dans une chorale[18] ». Chacun par son engagement est contributeur à l'amélioration du bien commun.

À la pureté de la cause, il faut donc opposer la politique des petits pas. La rejeter, fût-ce au nom d'un idéal, c'est jouer le jeu de l'indifférence. L'action individuelle participe à la dynamique collective. Nous sommes tous responsables. Le rapport de force évolue, la pression des consommateurs et des candidats à l'emploi fait peser sur les entreprises une obligation de transformation. À chacun de s'en saisir pour avancer tous ensemble. Chacun peut trouver une voie d'action dans le collectif et retrouver ainsi le sens de la vision de Saint Thomas d'Aquin : « être Homme, c'est vivre en société ».

---

17. Éric Le Boucher, *Échec à la barbarie*, Paris, Grasset, 2022, 162 p.
18. *Ibid.*

III.

Dans les entreprises, des écueils persistants

Pour comprendre les différentes formes de désengagement, il est utile de s'attarder sur le modèle économique qui a conduit à l'organisation des entreprises telle qu'on la connaît aujourd'hui. Pour les économistes Augustin Landier et David Thesmar, l'un des responsables de l'individualisation croissante de la société n'est autre que le paradigme économique néo-classique, autrement dit, le libéralisme économique. Les auteurs, qui revendiquent dans le même temps leur appartenance à ce courant, estiment en effet que le dogme de *l'homo œconomicus* rationnel, froid, calculateur et « avant tout motivé par [son] intérêt individuel[1] » est largement surestimé. C'est pourtant sur cette vision « totalement utilitariste » des comportements économiques que repose la construction du capitalisme, c'est sur ce modèle que se sont façonnés les entreprises et les rapports économiques tout au long du XXe siècle et ces cinquante dernières années.

Il ne s'agit évidemment pas ici de promouvoir un modèle économique anti-libéral – ça n'est d'ailleurs pas ce que proposent les auteurs – mais d'analyser les ressorts théoriques qui ont conduit les entreprises à développer ces modèles d'organisation qui sont aujourd'hui inadaptés. Car c'est dans ce

1. Augustin Landier et David Thesmar, *Le prix de nos valeurs*, Paris, Flammarion, 2021, 251 p.

contexte que l'entreprise a progressivement perdu son rôle fédérateur et structurant. L'individualisme domine la pensée libérale et son influence sur les entreprises explique en partie certains écueils, là où Durkheim, lui, voyait justement les corporations comme un refuge contre l'expansion des intérêts particuliers.

1. Des entreprises qui ont tardé à prendre la mesure de leurs responsabilités

Les entreprises suscitent une certaine méfiance depuis la crise de 2008. Si elle a déstabilisé la finance internationale, sa portée va en réalité bien au-delà. Elle a provoqué une onde de choc politique, intellectuelle et morale dont nous ressentons toujours les effets quinze ans après, ouvrant ainsi un cycle de défiance et de rupture avec les dogmes libéraux de la fin du XXe siècle. Elle a laissé l'image d'un monde économique irresponsable et indifférent au sort des peuples, obnubilé par la recherche du profit. Avant cela, d'autres scandales ont entaché l'image des entreprises : du lobbying des cigarettiers aux marées noires, en passant par l'affaire du Mediator ou les fraudes aux émissions polluantes des moteurs de voiture. La culture populaire s'est toujours emparée de ces sujets. Dans les années 1990, le film *Erin Brokovich, seule contre tous*, dans lequel l'actrice Julia Roberts incarne la figure de proue d'une bataille judiciaire de centaines de familles victimes de la pollution générée par une usine, est devenu un classique de la pop culture. Plus récemment, les films de Stéphane Brizé, comme *La loi du marché* et *Un autre monde*, dans lesquels Vincent Lindon campe des personnages confrontés aux excès du « marché », ont connu un réel succès populaire. Un siècle après la parution de *Germinal*, la culture populaire continue à s'emparer de ces sujets, montrant l'importance qu'ils revêtent dans la conscience collective ; les entreprises apparaissent encore maintenant comme dissociées de la prise en compte du bien commun.

« Peu d'évolutions pourraient miner aussi profondément les fondations mêmes de notre société libre que l'acceptation par les dirigeants d'entreprise d'une responsabilité sociale autre que celle de faire le plus d'argent possible pour leurs actionnaires. C'est une doctrine fondamentalement subversive[2]. » Si aujourd'hui, cette phrase de Milton Friedman est de nature à heurter ses lecteurs, il n'en reste pas moins que cette idée énoncée par le fondateur de l'école de Chicago en 1962 a dominé la pensée économique dans la deuxième moitié du XXe siècle, et jusque très récemment.

Pourtant, la stricte séparation de l'économie avec les autres sphères de l'activité humaine n'a pas toujours été une évidence. Au contraire, l'économie a longtemps été intrinsèquement liée à l'éthique et à la politique. Le prix Nobel d'économie Amartya Sen estime que la pensée « établit un lien entre l'économie et les finalités humaines[3] » dès l'Antiquité, en faisant référence à Aristote. Le penseur grec condamne même toute pratique qui s'émanciperait de sa finalité éthique, qu'il baptise du nom « chrématistique » et oppose spécifiquement à l'économie. Selon le philosophe, l'économie se comprend comme la norme (*nomos,* norme ou règle en grec ancien) de la conduite pour le bien-être de la communauté (ou de la maison, *oïkos* en grec). La chrématistique, en revanche, n'est rien d'autre que la poursuite infinie des richesses et la quête d'accumulation (*chrématistikos*). Pour Aristote, l'accumulation de richesse doit toujours servir l'échange, sur lequel repose la cohésion sociale ou la communauté. Cette pensée a longtemps irrigué la littérature économique. Thomas d'Aquin, bien des siècles après, s'est inscrit dans cette filiation en opérant une distinction entre l'aspect moral du bien commun (la réalisation d'un idéal humain) et son aspect matériel (la prospérité), travaux

2. Milton Friedman, *Capitalisme et liberté*, Paris, Robert Laffont, 1971 (première parution 1962).

3. Amartya Sen, *Éthique et économie* et autres essais, trad. Sophie Marnat, Paris, PUF, Coll « Quadrige », 2012, 372 p.

sur lesquels la doctrine chrétienne s'est reposée. Pendant des siècles, donc, les sphères éthiques, morales, religieuses, politiques, économiques et financières n'ont pas été imperméables les unes aux autres. « Pour employer une métaphore, les faits économiques étaient à l'origine "encastrés" dans des situations qui n'étaient pas en elles-mêmes de nature économique [...]. La cristallisation du concept d'économie fut une affaire de temps et d'histoire[4] », rappelait au contraire Karl Polanyi.

Cette stricte séparation est donc assez récente. Elle émerge réellement à l'avènement de l'époque des Lumières, alors que la notion d'individu prend de plus en plus d'importance. C'est Adam Smith, sous l'influence de Mandeville, qui sera parmi les premiers théoriciens à dissocier l'économie – où les comportements égoïstes des individus priment – de la morale, où les individus peuvent faire preuve d'altruisme. C'est aussi l'apparition des premières corporations, industries et compagnies, en somme les premières formes d'organisations commerciales comparables aux entreprises actuelles. Vient ensuite la naissance des nouvelles formes bancaires, des bourses, des sociétés par actions et de la société anonyme. Cette période est fondatrice pour le capitalisme moderne.

Le tournant qui nous intéresse, d'une importance majeure dans la gouvernance des entreprises, coïncide avec l'énonciation par Friedman de sa théorie selon laquelle l'entreprise doit être tout entière tournée vers la recherche du profit, sans autre forme de responsabilité sociale. C'est l'avènement de la *corporate governance*, dans les années 1970. À l'origine de l'entreprise telle qu'elle est organisée aujourd'hui, il y avait un déséquilibre. Avec la seconde révolution industrielle, les progrès techniques viennent bouleverser les manières de travailler. Les collectifs de travail et les processus industriels se complexifient et requièrent de nouvelles organisations. Les travailleurs ne louent plus leurs services ponctuellement, ils deviennent salariés. L'organisation

---

4. Karl Polanyi, *La grande transformation*, trad. Maurice Angeno, Paris, Gallimard, 2009 (première parution 1944), 476 p.

du travail est rationalisée, le droit du travail se développe. Pour gérer cette nouvelle complexité, les sociétés ne sont plus dirigées par les associés mais par des spécialistes formés dans les écoles d'ingénieurs puis de commerce (l'ESCP est créée en 1829 et HEC en 1881). C'est la naissance des « managers[5] », nous rappellent les chercheurs Blanche Segrestin et Armand Hatchuel. Progressivement, leur pouvoir est jugé excessif. Ces dirigeants, disposant d'informations bien plus complètes et détaillées sur la marche de l'entreprise, imposent leur autorité à un actionnariat souvent trop dispersé pour peser réellement sur les décisions stratégiques et finissent par être suspectés de gérer l'entreprise selon leurs intérêts propres, au détriment de celui des actionnaires.

À partir des années 1970, l'idée s'impose que l'entreprise doit être dirigée par les actionnaires. Ceux-ci doivent avoir le pouvoir de nommer les dirigeants, contrôler leur action et les sanctionner le cas échéant. L'American Law Institute énonce donc les grands principes de la *corporate governance* pour encadrer les pouvoirs des dirigeants au profit des actionnaires à la fin des années 1970 : rémunération variable, stock-options, protection des actionnaires. En retour de la multiplication des mesures de protection des actionnaires, le management a été contraint à une recherche de rentabilité à court terme. La *corporate governance* se déploie alors avec une définition réductrice de l'entreprise postulant qu'elle est uniquement tournée vers un but lucratif. Ce tournant a conduit à un nouveau déséquilibre, au détriment, cette fois, des managers ou dirigeants, mais aussi du bien commun. Il s'ensuit une période où l'entreprise est uniquement tournée vers l'intérêt financier des actionnaires et il devient difficile d'engager des stratégies qui ne soient pas directement rentables. La prise en compte du bien commun s'en trouve automatiquement limitée.

---

5. Blanche Segrestin et Armand Hatchuel, *Refonder l'entreprise*, Paris, Seuil, 2012, 128 p.

Au nom de ce principe de séparation, les entreprises ont pu se draper dans une neutralité confortable et se contenter de se soumettre aux règles édictées par les puissances publiques en matière de santé ou d'environnement. Aujourd'hui, après la crise de 2008 et dans le contexte qui est le nôtre, le retour de la guerre sur le sol européen et le défi du changement climatique, il devient clair que cette théorie a atteint ses limites. C'est, aussi, un enjeu interne pour les entreprises, alors que leur impact sur le climat et leur action sociale et sociétale deviennent fondamentaux pour l'engagement des salariés. Un rééquilibrage est nécessaire. En réalité, il est déjà engagé, de nombreux économistes ont montré que ce modèle « *business is business* » était erroné. La régulation naturelle du marché est un mythe, la crise de 2008 à elle seule l'a suffisamment prouvé. L'émergence de l'économie du bien-être d'Amartya Sen, du *social business* de Muhammad Yunus ou encore de l'économie du bien commun prônée par Jean Tirole ont démontré que d'autres modèles étaient envisageables, d'autres critères acceptables. Il n'est plus possible que les décisions économiques soient prises uniquement au regard des paramètres strictement comptables ou financiers. D'autres paramètres doivent être pris en considération : le capitalisme indifférent à la société et à son environnement a démontré ses limites. C'est l'un des principaux enjeux pour restaurer l'engagement au travail. Cette évidence finit par s'imposer, et la prise de conscience des entreprises et de leurs dirigeants est réelle, même s'il reste du chemin à parcourir pour faire évoluer les modèles.

2. La dictature du contrôle

Le taylorisme, puis le fordisme, ont marqué l'organisation des entreprises après la deuxième révolution industrielle. Les évolutions des progrès techniques imposent alors de réorganiser totalement l'entreprise. Cette période coïncide, on l'a vu, avec la naissance de dirigeants spécialisés dans la gestion d'entités plus complexes. C'est aussi l'avènement du salariat, de l'unité du lieu et du temps de travail… de l'entreprise telle qu'on la connaît, en somme. Dans le même temps, la hiérarchie se structure et se cloisonne, les tâches sont réparties et séparées. Les ouvriers perdent en autonomie. Auparavant seuls détenteurs de la connaissance et du savoir-faire nécessaires à la production, ils deviennent progressivement les exécutants des tâches pensées et programmées par leur hiérarchie. La standardisation est la règle.

À la fin des années 1970, le fordisme est critiqué pour son caractère rigide et uniforme. Malgré tout, il reste le modèle dominant et l'organisation pyramidale est la règle. L'industrie automobile japonaise ne fait pas exception. Enferrée dans une organisation ultra-cloisonnée et une bureaucratie excessive, elle n'est pas en mesure d'innover et de soutenir la concurrence internationale. Progressivement, elle opère une transformation radicale. Le pilotage des nouveaux projets sera confié à des petites équipes transversales et autonomes d'une quinzaine de personnes ayant tout pouvoir pour tester des projets et commander des études ou des travaux aux différentes directions de métiers en fonction de leurs besoins. Peu à peu, cette organisation fait ses preuves et les Japonais deviennent les champions de la réactivité. Leur processus de développement automobile est parmi les plus performants au monde et ce sont les Européens qui peinent à suivre. À la fin des années 1980, Renault décide à son tour de se réorganiser pour faire face à cette concurrence et adopte ces équipes autonomes et responsabilisées. Quelques années plus tard naît la Twingo[6]. Le besoin de flexibilité impose aux entreprises de se dégager des principes de standardisation stricte qui caractérisaient le fordisme. Elles évoluent vers des modèles plus flexibles, on entre dans le post-fordisme, les contrats de travail sont modifiés en conséquence, la sous-traitance se développe, le

6. Christophe Midler, *L'auto qui n'existait pas*, Paris, Dunod, 2012, 256 p.

lean management – ou management « allégé » –, qui vise à améliorer les performances, s'impose. Dans le même temps, les sécurités liées au fordisme (garantie de salaire et cadre protecteur de l'entreprise) s'atténuent.

Pourtant la verticalité et la rigidité n'ont pas vraiment disparu des entreprises. Un mode d'organisation qui « en 130 ans d'existence n'a quasiment pas bougé d'un pouce. [...] Assez archaïque, traditionnel, voire patriarcal, avec une pyramide hiérarchique immuable qui génère pas mal de dégâts collatéraux[7] », voilà comment Luc Bretonnes, président de Purpose for Good, définit le management dans les entreprises françaises. Cette formule, évidemment outrancière, dénote néanmoins un fond de vérité. « Un chef, c'est fait pour cheffer ». Tout le monde a en tête ces mots de l'ancien président Jacques Chirac. Mais qu'est-ce que c'est « cheffer » ? Prendre des décisions, assurément, mais encore ? Quelle place pour le contrôle ? Et pour l'autonomie et la confiance ? Au-delà du clin d'œil et du trait d'humour, ces mots traduisent une conception du management qui demeure basée sur une idée de domination encore assez ancrée dans les entreprises.

Les managers restent peu formés à une manière nouvelle d'exercer leur autorité. Pour Alain Supiot, la différence se situe pourtant là : entre le pouvoir et l'autorité. « Tandis que le pouvoir s'exprime en donnant des ordres, l'autorité se manifeste en conférant une légitimité à l'action[8] » estime-t-il. Or, « cheffer », dans l'inconscient collectif, demeure le fait de donner des ordres à des subordonnés. Le management « d'autorité » a parfois du mal à s'exprimer, y compris dans des organisations qui revendiquent des pratiques démocratiques ou « libérées ». Dans son ouvrage, le philosophe d'entreprise

7. Luc Bretonnes, Philippe Pinault, Olivier Trannoy, *L'entreprise nouvelle génération*, Paris, Eyrolles, 2020, 430 p.

8. Alain Supiot, *Le travail n'est pas une marchandise*, *op. cit.*

Thibaud Brière[9] relate son expérience chez Gadama Inc., une société dont il a choisi de modifier le nom. Dans cette entreprise libérée, raconte-t-il, le dirigeant assumait de ne pas appliquer lui-même les principes de management qu'il avait pourtant décidé de mettre en œuvre. Ambiance délétère, sanctions, absence de réelle liberté de parole et manifestations classiques de management vertical, la réalité quotidienne traduisait un « îlot d'opacité et de dirigisme ». Il révèle ainsi des écueils qui perdurent, y compris dans des entreprises ayant dépassé le post-fordisme.

La remise en cause des modèles de leadership dans l'entreprise vient aussi se heurter aux injonctions contradictoires auxquelles sont soumis les managers, et ce, à tous les niveaux de hiérarchie. La volonté de « manager par les valeurs » est affichée, il leur est demandé de faire preuve de bienveillance, d'écoute, de confiance et de laisser de l'autonomie à leurs collaborateurs. Dans le même temps, ils sont soumis à des impératifs de rentabilité qui ne leur laissent en réalité que peu de marge dans l'exercice de leur autorité. Les demandes de *reporting* concernent de plus en plus de champs et ont des répercussions à tous les échelons. Elles obligent de fait les dirigeants à exercer un contrôle plus fort, à laisser peu de marge dans la prise de décision à leurs collaborateurs.

Ici encore, le tournant de la *corporate governance* est en cause. En reprenant le pouvoir sur les dirigeants, les actionnaires ont multiplié les mécanismes de contrôle et d'incitation sur ces derniers. Rémunération variable, stock-options, mécanismes d'information et de surveillance, ces mécanismes ont pour première conséquence de rendre les dirigeants individuellement responsables des performances de l'entreprise, nous rappellent Blanche Segrestin et Armand Hatchuel[10]. Ils sont directement tenus comptables de ses éventuels échecs. Tout est fait pour

---

9. Thibaud Brière, *Toxic management. La manipulation en entreprise*, Paris, Robert Laffont, 2021, 256 p.

10. Blanche Segrestin et Armand Hatchuel, *Refonder l'entreprise, op. cit.*

limiter leur pouvoir en instaurant un maximum de règles et de procédures de contrôle sur les décisions prises, tant et si bien que c'est en réalité « leur faiblesse que l'on doit craindre en ce début de XXIe siècle », estiment les auteurs. Ce n'est pas seulement le dirigeant seul qui s'autocensure mais le dirigeant avec son comex.

L'accélération du temps et le développement de la financiarisation ont également participé à ce mouvement. Le légitime objectif de résultats a progressivement évolué en une recherche de profit à court terme qui tend à priver l'entreprise de ses impératifs de long terme. De plus en plus, investir et développer des activités de recherche ou des investissements sur le long terme devient compliqué. Seule compte la rentabilité immédiate. Ces impératifs ne supportent pas la part de risque inhérente à une démarche de construction sur le long terme.

Dans ce monde où les crises se superposent, un monde qualifié de « VUCA[11] » – VICA en français (pour volatilité, incertitude, complexité et ambiguïté) – par les théoriciens du management, il devient impératif de limiter le moindre risque. Le besoin de contrôle se renforce inexorablement. Déstabilisées face à l'incertitude, les entreprises s'emparent de sujets de très court terme qu'elles pensent maîtriser et s'évertuent à rationaliser dans des cadres toujours plus rigides. « Puisque ces mystères nous dépassent, feignons d'en être l'organisateur[12] ». Dans cette période d'incertitude, cette phrase de Cocteau décrit très bien les mécanismes à l'œuvre dans les entreprises. À un degré bien plus large, c'est d'ailleurs la logique qui a présidé à la gestion de la crise du Covid. On a vu fleurir quantité de protocoles donnant peu de marge d'adaptation. Les règles ont prospéré, parfois jusqu'à l'absurde, comme l'interdiction de s'asseoir sur les bancs publics ou la fermeture des rayons loisirs dans les

11. Acronyme popularisé par l'U.S. Army War College pour décrire l'environnement international issu de la fin de la Guerre froide.

12. Jean Cocteau, *Antigone* suivi de *Les mariés de la tour Eiffel*, Paris, Gallimard, 1977, 111 p.

supermarchés. Ainsi pouvait-on se donner une contenance et montrer que la situation était « sous contrôle ». Ces protocoles, nés avec le Covid, ont subsisté aussi en entreprise.

La multiplication des cadres, des règles, des *process* a quelque chose de rassurant. Elle nourrit l'illusion que tout est mesurable, comptabilisable, monétisable à travers des indicateurs de performance, les fameux *KPI*. Elle donne l'illusion de maîtriser les risques. Ainsi, les objectifs chiffrés ont envahi toutes les sphères de l'entreprise. Ils ne se limitent plus à un objectif financier global qui tient à la nature de l'entreprise, mais à toutes les fonctions : RH, innovation, relations clients, communication… Pas un pan de la vie de l'entreprise n'est épargné.

Nombre d'entreprises affichent une volonté – la plupart du temps sincère – de développer le travail collaboratif, mais c'est pourtant la verticalité qui se renforce ; et la hiérarchie qui, parfois, se fait pesante. Dans ces conditions, et quelles que soient les politiques affichées par les entreprises, le management par la confiance ne peut pas être de mise.

La situation vire parfois au flicage. « Détecter les fainéants et maintenir la discipline sur le lieu de travail », c'est la promesse que fait la société Clever Control, éditrice de logiciels de surveillance en ligne sur son site internet. La vocation de ce type de logiciel ? Contrôler les télétravailleurs. En 2020, à la faveur du premier confinement, la France basculait brutalement et très largement dans le télétravail. De confinements en restrictions de circulation, la situation s'est installée, au grand dam parfois de certains managers, et le retour dans les entreprises n'a pas été simple. Une étude du cabinet de conseil ISG Research, spécialiste de l'accompagnement numérique des entreprises, montrait que les intentions d'achat de logiciels de surveillance à distance avaient été multipliées par 500[13] entre janvier et avril 2020.

---

13. <https://www.infoprotection.fr/teletravail-mieux-vaut-accompagner-les-salaries-plutot-que-de-les-surveiller/>.

Concrètement, pour assurer ces missions de surveillance, ces logiciels vérifient les usages du web, jusqu'à restreindre l'accès à certains sites internet comme les réseaux sociaux ou des sites potentiellement malveillants ; ils permettent aussi de mesurer le temps alloué à chaque tâche grâce à l'analyse des logiciels utilisés par l'ordinateur contrôlé. Certains logiciels vont nettement plus loin et s'apparentent à de l'espionnage en règle. Ils prennent des captures d'écran à intervalles réguliers, traquent les données GPS des téléphones des collaborateurs, surveillent et enregistrent chaque frappe de clavier et clic de souris, c'est le système dit *keylogger*, ou, carrément, prennent en photo les salariés *via* leur webcam et enregistrent leurs conversations grâce au micro de l'ordinateur. Toutes ces données sont individualisées et compilées dans des rapports transmis chaque jour aux managers. Sous couvert de permettre aux entreprises d'évaluer leur « score de productivité », le logiciel établissait des profils détaillés pour chaque salarié (temps passé sur Skype, nombre de mails envoyés...). Devant les critiques, des syndicats notamment, Microsoft a dû faire marche arrière. Désormais, les données collectées sont uniquement regroupées et transmises à l'échelle globale de l'entreprise mais le besoin de contrôle semble toujours se renforcer.

Si la France est relativement épargnée, ceci correspond néanmoins à une réalité. Une étude menée auprès de 1418 entreprises françaises par GetApp, une plate-forme d'évaluation des logiciels, montrait qu'à la fin de l'année 2020, 45 % des employés étaient surveillés *via* un outil de contrôle, quand 8 % ignoraient qu'ils l'étaient[14] ; un peu plus de la moitié des salariés, donc.

Bien sûr, la majorité des entreprises n'espionnent pas leurs collaborateurs et s'en tiennent à des pratiques respectueuses. Cependant, cette tendance illustre la défiance ambiante, une

14. De la méfiance à l'utilité, le rapport ambigu du salarié à la surveillance : <https://www.getapp.fr/blog/1822/mefiance-utilite-rapport-ambigu-salarie-surveillance>.

mutation durable accélérée par le télétravail et qui modifie en profondeur les entreprises.

Les résistances au changement subsistent au sein des entreprises. Le contrôle donne l'illusion de la maîtrise, pourtant, il empêche l'émergence de toute pensée singulière et originale, atrophie les capacités d'innovation et tend à faire perdre de vue la vision globale. Au développement de la flexibilité s'oppose un contrôle des collaborateurs qui peut tourner à l'extrême. Aux enjeux financiers, s'oppose un contrôle des dépenses toujours accru. S'ensuit une bureaucratie galopante qui n'a parfois rien à envier à celle des administrations. Toute tentative d'innovation, de manager différemment est découragée, alors que c'est précisément ce dont nous avons besoin pour construire un modèle économique qui saura répondre aux enjeux écologiques et sociaux.

Dans ce contexte de crises et d'incertitude, le rapport au temps représente un élément-clé. Se dégager des contraintes de l'urgence permanente est un impératif majeur. On l'a vu, le court terme fait peser sur l'entreprise un risque en ce qui concerne ses capacités d'innovation et d'adaptation. Pour se détacher de ce contrôle permanent, il faut reconnaître la performance des équipes, au sens de ce qui est bien accompli, et accorder à ses collaborateurs une confiance proportionnelle au travail bien fait. Les process, le contrôle, écartent chacun du cœur de métier de l'entreprise. La mission y perd de son sens. Si l'on se détache de ces mécanismes de contrôle, on peut se concentrer effectivement sur ce qui est l'objet de l'entreprise. On retrouve ici l'idée du « bel ouvrage », du travail bien fait véhiculée par les corporations au XIXe siècle et qui participe, selon Dominique Méda[15], à donner du sens au travail. On peut y parvenir en se recentrant sur l'essentiel : la mission, le cœur de métier de l'entreprise. Cela contribuerait à donner un sens, à percevoir la finalité du travail. La « raison d'être »

---

15. Dominique Méda, « Le couvercle risque de se refermer », entretien dans *Society* n° 188, septembre 2022.

des entreprises s'avère à ce titre un outil fondamental dans cette période. Donner une colonne vertébrale à l'entreprise dans les périodes de grandes transformations lui confère un socle de valeurs auquel se rattacher, et à l'aune duquel elle peut s'adapter au changement, l'embrasser plus sereinement.

PARTIE II

LES LEVIERS DE L'ENGAGEMENT

IV.

Engagement des entreprises : comment restaurer la confiance

Les entreprises ne sont pas déconnectées de leur environnement. Elles nous nourrissent, nous transportent, nous chauffent, nous habillent, nous logent, fabriquent nos produits d'hygiène, nos médicaments et nous relient les uns aux autres. Au même titre que les pouvoirs publics, leurs actions ont nécessairement des conséquences sur le bien commun. À l'épreuve de la mondialisation, les puissances publiques ont montré leurs limites. En termes d'écologie, les différentes réunions internationales entre États ont des difficultés à aboutir en raison de divergences trop grandes. Au niveau européen, l'Union apparaît comme une organisation bureaucrate qui n'agit que partiellement, et lentement, tant sur le plan social qu'environnemental. Face à la désindustrialisation et aux crises sociales générées par les délocalisations, les États ne parviennent plus à assumer leur rôle et l'on se tourne maintenant vers l'entreprise, dont la capacité d'action et d'impact peut être bien supérieure.

Lui appartient-il pour autant de se substituer aux États ? Rien n'est moins sûr. Il faut d'ailleurs revenir sur la théorie de Milton Friedman à ce sujet. À l'appui de sa théorie sur la responsabilité sociale de l'entreprise, il voyait un risque démocratique. Les entreprises, estimait-il, ne peuvent en aucun cas être chargées de définir la notion de bien commun. Ce pouvoir, dit Friedman, doit rester entre les mains des élus, choisis et désignés pour cela par le peuple. Il ne peut être exercé par des entités privées autodésignées. C'est pourquoi, selon lui, les entreprises doivent, en termes de bien commun, se contenter de se soumettre aux règles édictées par ceux dont c'est le rôle. Cette mise en garde doit être entendue, et c'est bien aux élus, aux États et aux instances internationales de fixer les ambitions sociales et environnementales et les règles pour y parvenir. L'entreprise n'a pas à prendre la place des États et des instances de régulations. Mais parce qu'elle est un acteur majeur de la société, ayant un impact réel sur la marche du monde, il lui appartient, en revanche, d'être moteur du changement, lorsqu'elle le peut. En se positionnant clairement comme un acteur de la cité, avec les devoirs qui y sont afférents, l'entreprise participe à la restauration des liens, avec l'ensemble des parties prenantes (consommateurs, contractants, observateurs…). C'est aussi l'une des conditions pour restaurer les liens avec ses collaborateurs et répondre au désengagement. Les attentes, on l'a vu, sont massives sur ce point. L'engagement citoyen des entreprises a donc une utilité interne, mais aussi sociale, ou sociétale. Pour l'entreprise, s'inscrire dans une action responsable est un enjeu d'attractivité, de crédibilité et même de survie. Pour le public, toutefois, l'engagement des entreprises reste largement superficiel, pour ne pas dire inexistant. La défiance reste de mise et chacun attend désormais des preuves. Restaurer la confiance et s'inscrire réellement dans une démarche durable implique de revenir à certains fondamentaux de l'entreprise.

1. Se recentrer sur le métier

L'entreprise s'est progressivement décentrée de sa mission première : la responsabilité en incombe d'abord aux excès de la financiarisation, estiment Segrestin et Hatchuel[1]. Les

1. Blanche Segrestin et Armand Hatchuel, *Refonder l'entreprise*, *op. cit.*

mécanismes instaurés par la *corporate governance* incitent l'entreprise à se concentrer sur la création de valeur pour les actionnaires. Ce faisant, elle tend à limiter ses capacités d'investissement et d'innovation, les dirigeants privilégiant les décisions qui aboutissent à augmenter la profitabilité à court terme. Les auteurs ont montré que les dépenses en recherche et développement ont subi un net recul. La perte de créativité et de mobilisation est un premier écueil. Par ailleurs, les mécanismes de contrôle et la multiplication des process éloignent chacun de l'attachement à la mission de l'entreprise.

Pour répondre à ces demandes, les échelons des fonctions dites « supports » – pas directement en prise avec le cœur de métier – se sont développés au sein des entreprises, ce que d'aucuns qualifient de montée de la bureaucratie. Enfin, la pression des objectifs et le *reporting* privent de la nécessaire proximité avec la finalité de l'entreprise.

Parallèlement, la pression sociale et médiatique s'est considérablement accrue depuis 2008. En réponse à cela, les entreprises ont voulu montrer qu'elles n'étaient pas étrangères aux critiques émises par la société et à l'évolution des attentes. Cela a été considérablement renforcé par le contexte actuel d'indignation et des polémiques faciles. Combien d'entreprises ont été prises dans la tourmente pour des prises de position jugées insincères ? Louboutin, par exemple, a été accusé de « *social washing* », en faisant d'Assa Traoré son égérie pour la promotion des escarpins éponymes et a été sommé de s'expliquer. Assa Traoré, quant à elle, a été accusée de trahir son message en promouvant des chaussures inaccessibles financièrement à l'écrasante majorité des gens. Une stratégie perdante-perdante. On se souvient aussi d'Évian, accusée d'islamophobie pour avoir incité à boire 1,5 litre d'eau quotidien au premier jour du ramadan. Là encore, la marque a reculé et présenté ses excuses alors qu'à l'évidence, elle ne ciblait personne et ne faisait que relayer un message objectivement d'intérêt public. Chaque prise de parole, chaque prise de position génère un risque d'incompréhension et de détournement.

Le champ des valeurs sociétales a donc été largement réinvesti par les entreprises. Certaines entreprises sont devenues des communautés qui affichent l'ambition de changer le monde et la vie de leurs salariés. « L'idéologie prend le pas sur la vocation traditionnelle d'une entreprise, qui serait de délivrer de bons produits aux clients[2] » déplore le philosophe d'entreprise Thibaud Brière. Au risque de l'hypocrisie. En matière de responsabilité sociale et sociétale des entreprises, le chercheur Yvon Pesqueux estime que bien souvent les entreprises confondent « responsabilité sociale et réceptivité sociale[3] ». Bien souvent, l'action RSE sert avant tout à viser un public, bien plus qu'elle ne s'inscrit dans une action concrète. Elle sert un positionnement stratégique concurrentiel, particulièrement en termes d'attractivité de la « marque employeur ». Le vrai risque est de construire un discours qu'il *faut* porter, indépendamment des réalités de l'entreprise. Dans une forme de standardisation et même de nivellement, de nombreuses entreprises se sont mises à vouloir changer le monde et la vie de leurs collaborateurs. C'est la caractéristique de ce que la sociologue Agnès Vandevelde-Rougal a appelé « la langue du management[4] » qui a recourt à « un vocabulaire similaire, une grammaire empreinte de positivité, une même vision [qui] se propage d'un secteur à l'autre et d'un pays à l'autre ». Une communication responsable impose de s'éloigner de cette vision monolithique et déconnectée de la mission de l'entreprise. La langue du management, poursuit la chercheuse, mobilise les individus au service d'idéaux « y compris pour réduire l'écart entre discours et pratiques ».

---

2. Thibaud Brière, *Toxic management. La manipulation en entreprise*, Paris, Robert Laffont, 2021, 256 p.

3. Yvon Pesqueux, « La responsabilité sociale de l'entreprise (RSE) comme discours ambigu », *Innovations*, n° 34, 2011, p. 37-55.

4. Agnès Vandevelde-Rougale, *Mots & illusions : quand la langue du management nous gouverne*, Paris, 10/18, coll. « Amorce », 2022, 109 p.

Cela se traduit aujourd'hui dans les énoncés des raisons d'être des entreprises. Ils révèlent souvent malheureusement la difficile conciliation entre les idéaux portés et l'objet de l'entreprise. L'entreprise n'est pas une ONG ou une institution, elle n'a pas nécessairement vocation à « façonner un monde plus beau et plus responsable », « ressourcer le monde », « agir pour un futur serein », « bâtir la confiance en notre société » ou « réinventer le progrès », pour prendre quelques exemples. Il ne s'agit pas ici, de critiquer telle ou telle raison d'être, simplement de mettre en exergue des formulations si vastes qu'il est impossible d'entrevoir le métier exercé derrière ces énoncés. L'entreprise est une entreprise. Elle produit et vend des biens et des services. Et si la recherche du profit n'est pas sa mission première, elle n'en est pas exempte non plus. Elle a vocation à réaliser son objet d'une manière qui soit bénéfique pour son environnement, humain et naturel. C'est seulement à travers un recentrage drastique sur ses missions, son métier premier que les raisons d'être auront un sens, produiront des effets réels sur le bien commun et que la crédibilité des entreprises pourra être restaurée.

La définition d'une « raison d'être » doit rester un outil au service de l'engagement des entreprises et de la cohérence de leurs actions. En formalisant les grands principes qui guideront l'entreprise dans ses choix stratégiques, et de ce fait, dans ses décisions opérationnelles, elle constitue un véritable levier de décision ; un guide pour la stratégie commerciale et extra-commerciale, mais aussi pour les relations avec les parties prenantes. Les entreprises s'en sont d'ailleurs massivement emparées : c'était le cas de 82,5 %[5] des entreprises du CAC 40 en décembre 2021, selon *Les Échos*. Plus rares sont celles qui ont choisi de l'inscrire dans leurs statuts. La raison d'être est statutaire pour seulement 4,2 % des entreprises du SBF 120 (les 120 plus grandes entreprises françaises), toujours

5. « Raison d'être et impact : les 120 plus grandes entreprises de France accélèrent », *Les Échos*, 14 décembre 2021.

selon l'étude du cabinet Wemean publiée dans *Les Échos*. Son inscription dans les statuts constitue le moyen d'en faire un véritable socle, comme le préconisait le rapport de Nicole Notat et Jean-Dominique Sénart, prélude à la loi Pacte[6].

S'affranchir du métier, des fondamentaux de l'entreprise, pour construire une raison d'être s'avère inefficace et contre-productif. Inefficace parce que les collaborateurs ne croient plus aux discours *corporate*. La langue managériale a perdu pouvoir et crédibilité. Les mots, à force de répétition et de standardisation, ont perdu de leur portée. Le décalage entre le discours affiché et les pratiques effectives de l'entreprise ne passe plus et la demande se renforce d'engagements concrets sur les achats, la politique sociale, les fournisseurs, les sous-traitants… Demande soutenue par des acteurs tels que le collectif « Pour un réveil écologique » qui propose par exemple une série de guides pour déterminer lors d'un entretien d'embauche la réalité des engagements d'une entreprise. La cohérence entre les valeurs affichées et leur incarnation à travers l'exercice des métiers de l'entreprise constitue une stratégie payante en termes de communication. À l'inverse des exemples cités plus haut, Nike, en s'engageant aux côtés du footballeur américain Colin Kaepernic, symbole du mouvement *Black Lives Matter* aux États-Unis a vu son image – et ses ventes – décoller. D'abord parce qu'après les scandales sur les conditions de fabrication de ses produits dans les années 1990 et 2000, Nike a opéré un réel revirement sur l'ensemble de sa stratégie d'entreprise, de ses processus de production à sa communication. Mais aussi parce que l'entreprise paraissait légitime pour soutenir les revendications anti-racistes du mouvement. Elle pouvait en effet s'appuyer sur son engagement important dans la promotion des valeurs sociales du sport, en lien avec son cœur de métier – à l'image d'un Décathlon dont la raison d'être est

---

6. N. Notat et J-D. Sénart, avec J-B. Barfety, *L'entreprise objet d'intérêt collectif*, Rapport aux ministres de la Transition écologique et solidaire, de la Justice, de l'Économie et des finances, du Travail, 9 mars 2018.

de « rendre durablement le plaisir et les bienfaits de la pratique du sport accessible au plus grand nombre ».

S'affranchir des fondamentaux de l'entreprise est aussi contre-productif parce que la raison d'être est désormais intégrée au Code civil, à la faveur de la loi Pacte. Elle peut désormais être inscrite dans les statuts de l'entreprise. Cela pourrait donc poser la question de l'opposabilité de la raison d'être. Dorénavant, une société « doit être gérée dans son intérêt social, en prenant en compte les enjeux sociaux et environnementaux de son activité ». En 2018, déjà, deux associations françaises avaient porté plainte contre Samsung Electronics France sur le fondement de pratiques commerciales trompeuses en raison d'une distorsion entre la communication de l'entreprise sur ses engagements en matière de RSE et la réalité de ses pratiques. Plus récemment, le plan de vigilance de Total a été attaqué pour son insuffisance. Le risque est réel de voir de plus en plus des raisons d'être trop vagues ou trop ambitieuses attaquées pour leur décalage avec la réalité.

Ce nécessaire recentrage de l'entreprise passe également par une redéfinition de la mission de l'entreprise. Avant d'être un centre de profit, elle est surtout un « collectif d'innovation » (Segrestin et Hatchuel). Kevin Levillain, co-responsable de la chaire de théorie de l'entreprise des Mines ParisTech, préconise une nouvelle définition de l'entreprise qui doit, selon lui, être vue comme « un dispositif de création collective qui invente de nouvelles méthodes et de nouvelles relations sociales. Elle incarne un projet collectif et en porte la responsabilité. Son but est la conception de nouveaux potentiels d'action, plutôt que l'optimisation de la production[7] ». Là encore, la loi Pacte a entériné une avancée conséquente avec la nouvelle de la définition de la société établie par l'article 1833 du Code civil. Elle pose ainsi un cadre au nécessaire rééquilibrage entre la mission de l'entreprise, telle que formalisée par Friedman

7. Kevin Levillain, *Les entreprises à mission, un modèle de gouvernance pour l'innovation*, Paris, Vuibert, 2017, 210 p.

– générer du profit pour ses actionnaires – et celle qui est la leur aujourd'hui – assurer leurs missions commerciales en participant au bien commun – et restaure l'entreprise comme « collectif de création ».

Longtemps, c'est à travers le seul prisme de la responsabilité sociale et environnementale des entreprises (RSE) que l'engagement citoyen des entreprises a été formalisé et envisagé. S'il a permis de mettre en œuvre des progrès réels et de susciter une prise de conscience désormais partagée par une majorité des dirigeants, on voit aujourd'hui que ce concept a atteint ses limites. La « RSE » recouvre des réalités bien différentes suivant les structures, et ne constitue pas un socle suffisant sur lequel les dirigeants peuvent s'appuyer pour définir leurs objectifs extra-financiers. Il arrive encore trop souvent que des responsables RSE soient totalement déconnectés des organes de direction. Or, pour réellement accompagner l'engagement dans l'entreprise, elle doit s'appuyer sur une gouvernance et une représentativité large et soutenue.

Aux États-Unis, le statut de *benefit corporation* permet désormais aux dirigeants de justifier d'actions non motivées par la rechercher du profit sans risque de poursuites ou de sanctions par les actionnaires. L'ONG américaine B Lab a par ailleurs créé le label B Corp en 2006, qui permet de distinguer les entreprises dont l'impact social positif est avéré. Ce label s'est exporté et 4 400 entreprises sont aujourd'hui certifiées B Corp, dont 145 en France.

Les avancées permises par la loi Pacte donnent un cadre juridique, des moyens de contrôle et de gouvernance pour les entreprises qui souhaitent s'inscrire dans une démarche plus engagée en choisissant le statut d'entreprise à mission. Juridiquement contraignant, ce statut engage à la définition d'objectifs sociaux et environnementaux, soumis à un contrôle externe, par un organisme tiers indépendant, et interne, par le comité de mission de l'entreprise. Le fait qu'Orpea, après la crise qui l'a secoué, ait choisi de prendre le statut d'entreprise à mission est intéressant pour illustrer ce recentrage sur le métier. Cet épisode a démontré les limites d'un modèle basé sur le profit et la productivité. On a vu alors à quelles dérives peuvent conduire la pression induite par ces objectifs et les injonctions contradictoires récurrentes : prendre soin, mais rationaliser le temps passé auprès des patients, limiter le temps accordé aux douches, aux repas… C'est une équation impossible à résoudre pour un professionnel. Et c'est, finalement, une forme de maltraitance institutionnelle qui se répercute sur le client. Au-delà du scandale, ce n'est donc pas un hasard si Orpea a choisi d'opter pour ce statut. Voilà la question telle qu'elle doit être posée : quand bien même elle est à but lucratif, sur quelle mission Orpea doit-elle se recentrer ? Prendre soin des personnes hébergées dans ses établissements ou répondre à des objectifs de croissance ? C'est notamment à cela que doit permettre de répondre en profondeur la démarche engagée.

2. Réinscrire l'action de l'entreprise dans son environnement

L'action de l'entreprise, aussi vertueuse soit-elle, n'aurait qu'un sens partiel, si elle ne composait pas avec son environnement. Dans un monde plus complexe que jamais, les entreprises contribuent en effet, qu'elles le veuillent ou non, à façonner « la notion de ce qui nous est commun[8] » estime Kévin Levillain, de Mines ParisTech. L'entreprise est plus que jamais un acteur de la cité. Les écosystèmes au sein desquels gravitent les entreprises sont bien plus larges que ce que l'on entend traditionnellement par la notion de parties prenantes (essentiellement clients, collaborateurs et partenaires). De nombreuses voix préconisent aujourd'hui d'élargir cette notion et de la renforcer. La loi Pacte a permis de porter une première avancée en l'inscrivant dans la loi par le biais du « comité de

8. Kevin Levillain et Blanche Segrestin, *La mission de l'entreprise responsable*, Paris, Presses des Mines, 2018, 178 p.

mission ». L'objet de celui-ci est de suivre les engagements portés par les sociétés à mission, et sa composition peut inclure des personnalités extérieures à l'entreprise.

Avant la promulgation de la loi Pacte, en 2013, Veolia a ouvert la voie à cette démarche en choisissant de rassembler des « *critical friends* » (« amis critiques ») pour porter un regard sur la stratégie de l'entreprise et sa responsabilité à l'égard de la société. À travers ce comité des « *critical friends* », le groupe français a élargi le dialogue sur les orientations de son conseil d'administration à des acteurs extérieurs à l'entreprise. Composé d'une douzaine de personnalités qualifiées (chercheurs, représentants d'ONG ou d'institutions...) et de représentants des parties prenantes de l'entreprise, il est présidé à date par Jean-Michel Severino, ancien président de l'Agence française de développement et gérant d'Investisseurs et Partenaires, un fond éthique. Ce comité n'est pas associé aux instances de gouvernance de Veolia. C'est un espace de réflexion collective et de dialogue. Ses avis et propositions ne sont pas publiés et en dehors de son président, l'identité de ses membres n'est pas connue. Cela présente l'intérêt de lui donner une totale liberté de ton et de réflexion, mais dénote une certaine absence de transparence, renforcée par le fait que ses avis et propositions n'ont pas de caractère objectivement contraignant. Il n'en reste pas moins que ces « amis critiques » ont été déterminants, par exemple, sur l'évolution de la politique du charbon de Veolia, lui demandant d'être « responsable, en apportant progressivement des solutions techniques (énergies renouvelables, gaz, capture de carbone etc.) permettant, à terme, de substituer tout le charbon[9] ». Au départ constitué uniquement de personnalités extérieures à l'entreprise, il a été élargi en 2019.

En réunissant ainsi parties prenantes internes et acteurs extérieurs, Veolia s'inscrit dans la conception plus large des

9. Béatrice Héraud, « Chez Veolia, les amis critiques questionnent la stratégie de l'entreprise », *Novethic*, 31 octobre 2018.

« écosystèmes à mission[10] » prônée par le chercheur Kevin Levillain qui englobe aussi l'ensemble des acteurs susceptibles de contribuer à aider l'entreprise à inscrire son action dans une dimension durable : associations, ONG, élus, institutions, chercheurs… De fait, les impacts de l'entreprise se mesurent au-delà des acteurs avec lesquels elle interagit directement. Face à la complexité des sujets auxquels l'entreprise est confrontée, tant en termes sociaux qu'environnementaux, les parties prenantes sont plus diverses que jamais, et ce, à tous les niveaux, à tous les échelons : local, national, international. Au sein même des entreprises, le dialogue avec ces parties prenantes élargies peut s'engager à un échelon local, avec des élus, des associations d'une ville ou d'un département. Cela peut aussi être le cas à l'échelle d'une équipe, ou d'une direction. Ce fut la marque de fabrique des transformations opérées par La Poste dans les années 2000. Jean-Paul Bailly, président à l'époque de ces changements majeurs, le raconte dans son ouvrage. Il y définit l'entreprise comme un acteur du développement économique, du développement de son personnel et du développement des territoires[11]. Pour lui, la clé d'un développement responsable se trouve là : dans un dialogue permanent et continu avec l'ensemble des parties prenantes au sens large, et ce à tous les échelons de l'entreprise et de la société. Ainsi, les implantations de La Poste sur les territoires ont été définies localement, en concertation avec les élus et les autres acteurs de terrain. Dix ans après les premiers pas de Veolia, cette notion est plus répandue. Elle a considérablement évolué et de nombreuses entreprises s'en sont emparées. Il nous est donc désormais possible de franchir un nouveau pas en la systématisant. La loi Pacte laisse pour l'instant le dialogue avec les parties prenantes à la discrétion des entreprises. De nombreuses voix, comme

---

10. Kevin Levillain et Blanche Segrestin, *La mission de l'entreprise responsable, op. cit.*

11. Jean-Paul Bailly, *Réformez ! par le dialogue et la confiance*, Paris, Descartes & Cie, 2016, 184 p.

celle de Pascal Demurger, s'élèvent pour la rendre obligatoire et l'adosser au conseil d'administration des entreprises de plus de 250 salariés. Ses avis pourraient aussi être systématiquement publics et prendre, dans certains cas, un caractère contraignant. Plusieurs formats sont à imaginer pour aller plus loin et intégrer pleinement ce dialogue avec les parties prenantes aux pratiques de l'entreprise.

Cet engagement vers l'extérieur peut prendre différentes formes. Au-delà des instances de dialogue, il peut aussi passer par différents modes d'actions, du mécénat au financement de start-up innovantes et d'entrepreneurs sociaux sur un territoire... Les collectifs d'entreprises qui se sont créés ces dernières années en sont une des illustrations. De nombreuses grandes entreprises se sont par exemple réunies en 2022 autour d'Ecowatt pour limiter leur consommation d'énergie lors des alertes émises par le dispositif. Par ailleurs, depuis 2018, le collectif d'entreprises pour une économie plus inclusive s'est construit autour de trois grands chantiers concrets : développer les achats inclusifs pour favoriser les partenariats avec des acteurs locaux ou de l'économie sociale et solidaire, développer la production de biens et services durables et développer l'insertion par l'emploi. Il regroupe aujourd'hui 23 entreprises, et il a développé des collectifs locaux à l'échelle régionale. À Marseille, l'émanation régionale a, par exemple, développé des initiatives en faveur de l'emploi auprès de jeunes issus de quartiers prioritaires. Elle organise un forum sur l'emploi qui propose un accompagnement des jeunes à la recherche d'emploi par les professionnels des entreprises membres et des postes d'alternance. Tous les salariés des entreprises membres, à tous les échelons, peuvent participer au collectif et s'impliquer dans ses actions ou dans ses groupes de travail. Certaines de ces initiatives se sont structurées en associations. 100 chances - 100 emplois est par exemple un réseau d'entreprises qui propose des dispositifs d'accompagnement à l'emploi sur le long terme dans les quartiers sensibles. Ce dialogue permanent avec l'extérieur donne l'assurance de développer des actions qui sont en prise avec la réalité des besoins.

C'est aussi un enjeu interne : une preuve concrète d'engagement et un moyen de convaincre que l'entreprise est un espace où il est possible d'avoir un impact sur la marche du monde. Si de nombreux jeunes se détachent des entreprises en mettant en avant leurs externalités négatives en termes sociaux et environnement, nombreux sont ceux qui, en revanche, attendent d'elles qu'elles en fassent de plus en plus. Un sondage de l'Ifop montre par exemple que 46 % des Français font confiance aux PME pour « défendre les valeurs de la République », et 60 % souhaitent voir les entreprises plus impliquées sur ces sujets[12]. La sociologue Isabelle Ferreras affirmait au *Monde* que « les salariés ont l'intuition critique que l'entreprise est un espace politique non démocratisé, mais qui a la capacité d'influer sur le cours des choses, y compris pour les enjeux sociétaux[13] ». Au-delà de la désertion prônée par quelques-uns, c'est à cela qu'appellent majoritairement les jeunes diplômés qui alertent sur l'importance des questions sociales et environnementales et sa nécessaire prise en compte par les entreprises. Le collectif « Pour un réveil écologique », que l'on a déjà évoqué, propose par exemple des solutions pratiques aux jeunes professionnels – aux moins jeunes aussi d'ailleurs – pour porter une parole et des actions concrètes au sein de leurs entreprises. Puisqu'elle a un impact sur la marche du monde, et particulièrement en matière environnementale, c'est à l'échelle de l'entreprise que l'on peut avoir un impact significatif. L'inscription des entreprises dans leur écosystème est un puissant levier de réengagement.

---

12. Ifop et Havas Paris, *Le regard des Français sur la République et les principes républicains : quid d'une entreprise républicaine ?*, mars 2021.

13. Anne Rodier, « Les salariés comptent sur l'entreprise pour défendre les valeurs de la République », *Le Monde*, 9 février 2022.

3. Inscrire la finance dans le temps long

Le temps de la finance doit désormais s'accorder avec celui de la transformation des entreprises, avec celui de sa création de valeur au sens de son œuvre collective. L'investissement, l'innovation, la recherche et développement et, *a fortiori*, l'engagement vers des actions socialement et écologiquement responsables s'inscrivent nécessairement dans un temps long. Le rôle des actionnaires est crucial pour engager réellement la transition des entreprises et sortir progressivement des logiques spéculatives. La loi dite « Florange », du 29 mars 2014, a posé une première pierre pour favoriser cela, puisqu'elle prévoit un doublement des droits de vote pour les actions des sociétés françaises cotées dès lors qu'elles sont détenues depuis au moins deux ans. Signe de sa réelle utilité, les deux tiers des sociétés du CAC40 et du SBF 120 l'ont appliquée. La loi Pacte, quant à elle, étend l'obligation de représentation des salariés actionnaires aux sociétés non cotées de plus de 1 000 salariés. Dans son dernier rapport, Pascal Demurger, président de la Maif, propose par ailleurs de développer le dispositif instauré par la loi Florange en modulant « les droits de vote des actionnaires en fonction de leur durée de présence au capital[14] ». La modulation s'organiserait de la manière suivante : pas de vote la première année de détention, vote simple la deuxième et vote double à partir de la troisième année. Il s'agit ici de favoriser l'implication des actionnaires dans la stratégie de long terme de l'entreprise, et ce en dehors de sa seule performance financière.

Il est fondamental de renforcer le dialogue avec les actionnaires sur ces questions, au même titre que le dialogue avec l'ensemble des parties prenantes, et de l'ouvrir aux enjeux non strictement financiers de l'entreprise. Le rapport Demurger propose sur ce plan de « rendre obligatoire une consultation

---

14. Pascal Demurger, *L'urgence du temps long, Un nouveau rapport État/entreprises pour une prospérité durable*, Rapport, Fondation Jean Jaurès, janvier 2022.

annuelle des assemblées générales des sociétés cotées sur leur politique climatique ». Plusieurs entreprises comme Vinci, Atos ou Total ont déjà soumis leur stratégie en matière de transition climatique à leurs actionnaires. Systématiser cette pratique permettrait d'engager plus d'entreprises sur ces sujets.

La prise de conscience de la nécessité de se dégager de la seule quête de profit pour répondre aux défis sociaux et environnementaux est de plus en plus ancrée dans l'esprit des dirigeants comme des investisseurs. L'idée que les atouts de compétitivité des entreprises peuvent se situer hors des seuls critères de performance financiers a fait son chemin. Avec elle, émerge la nécessité d'évaluer l'action des entreprises en la matière. Elles sont désormais aussi évaluées à l'aune de critères environnementaux, sociaux et de gouvernance (les critères dits ESG) qui mesurent leur activité et leur impact dans ces domaines. Ils prennent par exemple en compte les émissions de CO2 ou le niveau de réduction de ces émissions, le taux de turn-over, le nombre de procès aux prud'hommes… La rémunération des dirigeants inclut par exemple de plus en plus fréquemment une composante « climat » ou RSE. C'est par exemple le cas des dirigeants de Kering – PDG, DG et mandataires sociaux des différentes maisons du groupe – dont la part variable de la rémunération (qui compte pour 80 % de leur rémunération) est également soumise à des critères extra-financiers. 20 à 30 % de leur rémunération variable dépend désormais d'objectifs de développement durable et de gestion des organisations et des équipes[15]. Plusieurs voix prônent désormais la généralisation de ce type de pratiques et même au-delà, que la part des objectifs extra-financiers (comprenant un axe environnemental et un axe social) atteigne à terme 50 % de la part variable de la rémunération des dirigeants, en

---

15. Assemblée générale du 28 avril 2022, détails accessibles *via* le lien internet suivant : <https://www.kering.com/assets/front/documents/Kering_Reponses_Questions_ecrites_AGM_2022.pdf>.

unifiant et définissant ces critères de manière collective afin qu'ils soient partagés par toutes les entreprises.

Au fil des années, les critères ESG se sont multipliés sans réelle unification et concertation pour autant. Dans le même temps, les organismes de notation et de certification ont fleuri, chacun développant sa propre méthode de mesure. Cette inflation de critères les rend compliqués et coûteux à renseigner. De fait, les entreprises ayant les moyens d'effectuer ce *reporting* sont donc privilégiées, et elles sont parfois mieux notées que des entreprises pourtant plus vertueuses. L'autre défaut de ces critères est leur trop grande variabilité. Ils diffèrent d'une agence à l'autre, d'un pays à l'autre. Certains accordant plus d'importance à certains critères, ou n'ayant pas la même manière de les évaluer. Les notations ESG ne sont pas vraiment comparables entre elles, et il subsiste une grande hétérogénéité dans la manière de les renseigner qui dessert certaines entreprises.

Une proposition serait de les unifier à minima à l'échelle européenne. Cela fait partie des chantiers en cours de l'Union européenne et le Parlement européen a déjà formulé des propositions en ce sens[16]. Leur standardisation est en effet l'un des principaux enjeux pour une meilleure lisibilité et davantage de sincérité de la part des entreprises. Cela passerait par la création d'un « impact score ESG » des entreprises. Autrement dit, par le regroupement de ces critères – unifiés et standardisés – pour en faire une note globale, publique et accessible aux investisseurs comme aux consommateurs dans la vie de tous les jours. C'est, d'une certaine manière, ce à quoi tentent de répondre les entreprises à mission, les *benefit corp*, ou les entreprises qui s'engagent sous le label *B Corp*. Elles se soumettent alors à un cahier des charges précis et commun à toutes celles qui partagent la même démarche. Cela permet

---

16. Proposition 2021/0378 d'un règlement du Parlement européen et du Conseil établissant un point d'accès unique européen pour les informations concernant les services financiers, les marchés des capitaux et la durabilité (ESAP), 25 novembre 2021.

à la fois de les identifier et de donner une solide crédibilité à leurs engagements en termes de RSE.

S'ils ne sont pas parfaits, l'existence des critères ESG représente néanmoins une avancée importante dans la prise en compte de critères autres que strictement financiers. Pour les investisseurs, ils participent d'une démarche qui peut être engagée : favoriser une entreprise vertueuse, ou tenter d'agir sur sa stratégie. C'est un premier pas que de les associer aux risques, puisque cela signifie que les externalités négatives sociales ou environnementales ont désormais un coût qu'il s'agit d'anticiper. Cela témoigne aussi d'un changement de représentation sur ce qui fait la valeur d'une entreprise. La prise en compte des investissements immatériels en témoigne. Ils regroupent l'ensemble des actifs incorporels, intangibles que les entreprises développent et mettent en œuvre. Ils concernent les composantes liées aux marques et à la propriété intellectuelle (R&D, brevets par exemple), celles liées au numérique (applications, logiciels, bases de données, algorithmes…) et les composantes organisationnelles telles que le niveau de formation des salariés, la culture d'entreprise… Le dernier rapport de l'Observatoire pour l'immatériel[17] montre que depuis trente ans, dans les grandes économies mondiales, les investissements dans les actifs immatériels (R&D, technologies de l'information, niveau de formation des employés, culture d'entreprise…) ont augmenté de manière continue. Les données recueillies par Bpifrance font ressortir que les entreprises qui investissent dans l'immatériel sont plus exportatrices, plus confiantes dans la croissance à venir et connaissent des succès notables en R&D. Selon les études citées par l'Observatoire, ces entreprises affichent des performances positives tant en termes financiers qu'extra-financiers.

17. Rodolphe Durand et Romain Boulongne, *Investissement dans l'immatériel pour l'industrie*, Rapport à la ministre chargée de l'industrie, novembre 2021.

C'est une tendance dans le monde économique. Les investissements responsables se développent. De nombreux fonds « éthiques », favorisant les investissements à impact positif, sur le plan écologique ou social, ont émergé. À ce stade, la notion reste floue et l'effet marketing continue de jouer. Il n'en reste pas moins que la demande vers ce type d'investissements ne cesse de se développer, mais l'exigence de rigueur aussi. Les attentes des parties prenantes en faveur d'un engagement de l'entreprise pour le bien commun sont de plus en plus fortes. Cette mouvance est en train de s'installer durablement. Les économistes Augustin Landier et David Thesmar ont d'ailleurs mené une étude[18] intéressante pour démontrer cela, en testant des investisseurs d'entreprises dont certaines avaient des dividendes plus élevés, mais une action néfaste socialement, et d'autres avaient des dividendes plus faibles en étant vertueuses. Le résultat montre que les investisseurs sont prêts à payer 70 centimes de plus par euro investi pour les actions d'entreprises vertueuses. Poussant les recherches plus loin, les auteurs ont voulu déterminer s'il était important que les investisseurs aient ou non, par leur action, un impact sur l'action bénéfique de l'entreprise. Le résultat montre qu'ils sont toujours prêts à valoriser mieux des entreprises vertueuses, qu'il y ait ou non un impact direct de leur action propre pour cela. Pour les économistes, cela démontre qu'il y a un marché plus large pour les fonds « verts », que pour ceux dont l'objet est de transformer des entreprises « non vertueuses ». Cela démontre, aussi, qu'un prix peut être accordé au bien commun, quand bien même il représente un coût.

---

18. Augustin Landier et David Thesmar, *Le prix de nos valeurs, op. cit.*

4. Accepter le coût du bien commun

Pour valoriser les démarches vertueuses et engagées, la tendance est de démontrer que l'entreprise est plus performante, plus profitable, lorsqu'elle œuvre pour le bien commun. Progressivement, l'idée que toute activité, marchande ou non, humaine ou non, est monétisable et rentabilisable a infusé toutes les sphères de la société, même si depuis quelque temps, l'idée que ce modèle n'est pas reproductible à l'infini fait son chemin.

La situation à l'hôpital, par exemple, illustre l'impasse devant laquelle nous nous trouvons. Nul n'aurait songé à revenir au système qui prévalait avant la tarification à l'activité (T2A, le système de financement de l'hôpital public qui est l'expression de la rentabilité appliquée à l'hôpital). Chacun est conscient qu'il est nécessaire d'améliorer l'efficacité de l'hôpital public et pourtant, ce système fait depuis quelques années l'unanimité contre lui, au point qu'il va être remis en question. Ce système est en partie responsable de la fuite des soignants, toutes catégories confondues, des aides-soignants aux médecins. Chacun est lassé de voir son travail dénué de toute considération humaine à cause de cadences toujours plus fortes, d'objectifs à atteindre pour voir son financement renouvelé, de subir une inflation des tâches administratives de *reporting* au détriment du soin, du temps passé avec les patients. Le modèle d'Orpea que l'on a évoqué plus haut traduit aussi ces interrogations. Le récent retour en arrière sur la privatisation d'EDF éclaire également les arbitrages auxquels nous sommes aujourd'hui confrontés. La question de l'énergie est un enjeu éminemment stratégique, tant en ce qui concerne son accessibilité qu'au regard des orientations à prendre compte tenu du changement climatique. La guerre en Ukraine est venue chambouler le marché et les prix ont flambé. Il s'agit désormais pour l'État d'avoir une certaine maîtrise de la production d'énergie et la possibilité d'en contrôler les prix. Cela a un coût. EDF n'a cessé de revoir à la baisse ses prévisions financières pour 2022[19]. En restant dans une logique strictement financière, il eût été plus complexe d'assumer ce coût.

Progressivement, des orientations qui semblaient immuables sont remises en cause, parce que les enjeux sociaux et écologiques prennent une importance de plus en plus marquée. La question n'est pas de laisser filer les dépenses sans contrôle. Il s'agit plutôt d'accepter de prendre en compte et de valoriser une partie de la création de valeur, une partie du travail qui n'est pas systématiquement monétisable ou monétisée, et dont les bénéfices ne sont pas immédiatement quantifiables. Lorsque l'on investit dans des politiques de prévention en santé publique, par exemple, il y a des impacts concrets à long terme : moins d'obésité, de cancers qui se répercutent directement sur les dépenses de sécurité sociale. L'éducation d'un enfant, le travail d'une association d'insertion ont eux aussi des conséquences sur la société (moins de dépenses de police et de justice, plus d'emplois et donc d'impôts et de cotisations sociales). On sait mal mesurer ces effets, difficilement transcriptibles en termes purement monétaires. Pourtant, ils sont là, et pas seulement sur le plan social.

Le bien commun a un coût, même s'il est profitable pour la société ou planète. Un coût que l'on peut collectivement accepter de payer, comme le montre l'étude d'Augustin Landier et David Thesmar citée plus haut. La Maif vient d'ailleurs de traduire en actes cette assertion en instaurant un « dividende écologique ». Chaque année, la mutuelle allouera 10 % de ses bénéfices à « des projets de solidarité climatique et de régénération de la biodiversité[20] ». Enfermés dans nos schémas de pensée, nous nous obstinons à tenter de démontrer qu'agir pour le bien commun est systématiquement un gage de performance économique. Seulement ça n'est pas toujours le cas et il nous

---

19. « Année noire en vue pour EDF », *Les Échos*, 14 mars 2022.

20. Communiqué de presse du 5 janvier 2023 : <https://entreprise.maif.fr/presse/2023/maif-cree-un-dividende-ecologique>.

faut déterminer collectivement le prix que nous sommes prêts à payer pour le bien commun.

Il nous faut désormais faire un pas de côté et nous interroger sur notre modèle économique. Le capitalisme tel que nous le pratiquons depuis cinquante ans ne peut plus avoir cours dans un monde qui a, au fond, déjà muté. Cela fait écho aux discours appelant à la sobriété. L'impératif de croissance perpétuelle ne répond plus aux enjeux qui sont devant nous. Selon l'économiste Eloi Laurent, la recherche de croissance a conduit à un appauvrissement de nos sociétés[21]. Aux coûts sociaux et psychologiques induits par la sobriété, il oppose les coûts engendrés par la dégradation de l'environnement : incendies, pollutions de l'air, tempêtes, maladies respiratoires et cancers… Ces phénomènes n'ont pas qu'un coût social, ils ont un coût économique. Jean-Marc Jancovici le répète à l'envi, si la sobriété n'est pas choisie, elle sera subie. Passer d'une « sobriété d'urgence à une sobriété organisée[22] », « accepter de parfois faire moins, pour toujours faire mieux ». Cela suppose d'envisager la sobriété au-delà des modes de consommation et de production et d'envisager des évolutions structurelles, de gouvernance et de temps long au sein des entreprises. Eloi Laurent définit la sobriété comme « la satisfaction de besoins raisonnés au moyen de ressources limitées », car elles le sont, plus personne ne songerait à le contester. Plutôt que de chercher à construire une nouvelle croissance – qui impose de toujours faire plus pour avoir plus –, ce sont les conditions d'une prospérité durable qu'il nous faut bâtir.

---

21. Eloi Laurent, propos recueillis par Éric Aeschimann et Rémi Noyon, « La sobriété est notre plus grande richesse », *L'Obs*, 7 septembre 2022.

22. Tribune, « Faire de la sobriété un choix collectif », Appel de 84 dirigeants français, *Le Journal du Dimanche*, 2 juillet 2022.

V.

Gouvernance : valoriser le travail et l'impact de chacun au sein des entreprises

La question de la reconnaissance au travail figure parmi les racines du désengagement. Les difficultés à recruter s'expliquent en partie parce que de plus en plus de personnes font désormais le constat qu'elles ne s'y retrouvent plus entre leur travail et les différentes rétributions qu'elles en tirent, qu'elles soient tangibles – salaires, conditions de travail… – ou symboliques – prestige social, reconnaissance par ses pairs ou ses supérieurs, satisfaction personnelle –, et ce dans de nombreux secteurs, comme la distribution, les transports ou la restauration, où les conditions de travail sont difficiles. La crise sanitaire, on l'a beaucoup dit, a bousculé les équilibres et accéléré un changement qui était déjà en marche. Ces questionnements se retrouvent dans tous les secteurs et à tous les échelons.

Pour répondre à ce besoin de reconnaissance, il importe aujourd'hui de s'interroger sur la manière de rendre le travail attractif pour que chacun ait le sentiment que son travail compte. Cela passe par le sentiment d'entreprendre et d'être autonome, par le fait de donner à chacun un pouvoir sur l'organisation de son travail. La participation des salariés et l'élargissement d'une forme de démocratie dans l'entreprise apportent à chaque personne les moyens de comprendre l'œuvre collective au sein de laquelle il s'inscrit. Valoriser le travail, c'est à la fois valoriser la contribution individuelle et faire en sorte que chaque voix contribue effectivement à cette œuvre collective. C'est, aussi, poser les questions du partage de la valeur au sein de l'entreprise et des rétributions que chacun en tire. Le contexte économique d'inflation et de baisse du pouvoir d'achat rend ces questionnements plus pertinents encore.

1. Vers plus de partage du pouvoir

« Les employés sont l'une des parties prenantes les plus importantes au sein d'une entreprise. Cependant, c'est l'une des moins impliquées dans les discussions autour de la stratégie ou du business model par exemple[1]. » Ce sont les mots de Ouahcene Ourahmoune, directeur de projet et membre du collectif Planet A chez Alstom. Ils sont ingénieurs, assistants, chefs de produits, consultants, chargés de projet ou encore développeurs… des salariés lambda. Ils sont ceux qui travaillent, qui font l'entreprise, qui tissent des liens d'amitié et se retrouvent parfois ensemble après le travail. Ceux qui expérimentent au quotidien les modes de management de l'entreprise, qui ne prennent pas beaucoup de décisions mais en subissent les conséquences, ceux sans qui rien ne fonctionnerait mais qui n'ont pas souvent voix au chapitre. Ils représentent la majorité de l'entreprise ; par leur nombre, ils peuvent impulser des mouvements et ont nécessairement une opinion sur ce qui les concerne de près. C'est la fameuse majorité silencieuse, la « classe moyenne » de l'entreprise. Elle ne déserte pas avec fracas, n'affiche pas un amour immodéré pour son travail mais en tire une certaine fierté. Elle lui accorde une importance relative, parmi les autres choses qui composent la vie et y cherche, elle aussi, un sens. On la dit désengagée, on cherche par tous les moyens à enrayer sa fuite et à la réengager, mais dans les faits, sa voix porte encore peu au sein des entreprises.

1. <https://www.les-collectifs.eco>.

Depuis quelques années, elle est à l'origine d'un mouvement inédit. Dans certains grands groupes, se créent des collectifs de salariés dont l'objectif est de porter une parole et des actions écologiques et sociales dans leur entreprise. L'un des plus anciens est né au sein du groupe Airbus. Depuis 2005, le collectif « Iode du Lac » est l'un des pionniers du genre. Initié par quatre collaborateurs il y a plus de quinze ans, il réunit aujourd'hui plus de 400 salariés de la région toulousaine. Il a pour objectif de « trouver un écho très concret dans la vie personnelle des employés d'Airbus », affirme-t-il sur sa fiche de présentation. Il a par exemple permis de développer l'offre bio de la restauration collective, mais aussi créé un fonds commun de placement vert pour les collaborateurs du groupe. On retrouve en filigrane cette volonté d'action concrète au sein de tous les collectifs. Ainsi « Go Green », collectif du Boston Consulting Group, organise chaque année une semaine de sensibilisation et de formation aux enjeux écologiques auprès des salariés. « Michelin et la transition écologique » a été mandaté par la direction de l'entreprise pour réaliser le bilan carbone de l'activité R&D en France qui concerne 3 000 salariés. « Le Rhizome », collectif d'EDF, a fait supprimer les gobelets en plastique de l'ensemble des sites mais a également remis à la direction du groupe un livre blanc sur la transition énergétique qu'il a réalisé à la suite d'un cycle de conférences « ECO2 » sur l'économie neutre en carbone.

Des initiatives similaires ne cessent de se multiplier dans les entreprises, singulièrement depuis dix ans. Il y a un an, une trentaine de ces réseaux se sont réunis au sein d'un grand groupement : « Les Collectifs », qui a vocation à rassembler toutes les initiatives similaires qui émergent au sein des entreprises. La philosophie qui prévaut est celle du partage d'expérience, de l'entraide et de l'autonomie. Ces réseaux se veulent un outil au service de tous pour impulser le changement, du plus petit pas à des réflexions de plus grande envergure. « Un élan porté par les collaborateurs », peut-on voir sur leur site internet. Une logique *bottom-up* en jargon commercial. « Nous ne sommes pas des dirigeants, des responsables RSE, ni des syndicats », revendique Eva Comble, ingénieure chez EDF qui compte parmi les fondateurs du Rhizome et des Collectifs, « nous avons besoin de tout le monde, à toutes les places » poursuit-elle.

« Ni militants, ni en opposition[2] », affirme-t-elle encore. Tous revendiquent une démarche constructive et ancrée dans la réalité opérationnelle de leur entreprise. Ces réseaux ne constituent « pas un contre-pouvoir, mais au contraire un pour-pouvoir » affirme Emmanuel Cibla, membre du collectif de Decathlon, dans la présentation du groupement de collectifs. Derrière l'engagement et le civisme ordinaire, il y a l'idée d'être des interlocuteurs crédibles pour leurs directions et une ressource mobilisable pour la transition écologique et sociale de l'entreprise. La direction peut ainsi être « soutenue dans la réorientation de sa stratégie, et rendre son modèle durable », souligne Aline Heulland, du collectif de Salesforce. Derrière ces démarches se trouve une forte volonté d'agir mais aussi un levier d'engagement, un moyen de faire naître un fort sentiment d'appartenance. Le fait de se constituer dans une telle structure donne assurément un poids à la parole de ces collaborateurs engagés. Cet exemple offre la démonstration que l'on peut trouver de l'inventivité, de l'engagement, de l'innovation dans ce cœur de l'entreprise, et pas seulement dans le *top management.* Les organisations pyramidales et ancrées dans des processus de décision très hiérarchisés ne permettent pas à ces voix de se faire entendre. Petit à petit, néanmoins, de plus en plus d'entreprises évoluent vers une meilleure prise en compte de la parole des salariés dans les prises de décision. L'intégration des parties prenantes aux instances de gouvernance en est un exemple.

D'autres basculent plus radicalement vers des modes d'organisations plus horizontaux, voire franchement déhiérarchisés. Ces modèles ont fait l'objet d'une littérature abondante mais

---

2. Interview au réseau Alliances : <https://www.reseau-alliances.org/actualites-rse/2183-les-collectifs-le-salariat-comme-voie-d-engagement>.

c'est Isaac Getz, économiste et professeur à l'ESCP, qui a popularisé et théorisé le concept en formalisant la notion d'entreprise libérée. Selon Getz, une entreprise est dite libérée « lorsque la majorité des salariés disposent de la liberté et de l'entière responsabilité d'entreprendre toute action qu'eux-mêmes estiment comme étant la meilleure pour la vision de l'entreprise[3] ». L'objectif est de rendre aux salariés la responsabilité du résultat de leur travail en leur donnant la capacité de s'organiser librement. Getz parle alors d'« entreprise pourquoi », car l'accent est mis sur l'objectif et non la façon d'y arriver. Getz insiste sur le rôle des dirigeants pour engager leur entreprise dans une telle transformation et créer un environnement qui y soit favorable. D'autres concepts similaires ont émergé dans les années 2000, comme l'holacratie, pensée par Brian Robertson, dirigeant de l'entreprise de production de logiciels Ternary Software, qui compare l'entreprise à une organisation conçue comme un être vivant[4]. Le terme holacratie vient du grec « *kratos* », le pouvoir et « *holos* », la totalité. L'entreprise Opale[5] théorisée par Frédéric Laloux s'inscrit également dans cette démarche de démocratisation du pouvoir au sein des entreprises. Toutes ont en commun de vouloir miser sur l'émergence de l'intelligence collective. Si les notions varient quelque peu, les grands principes d'organisation qui président à la libération d'une entreprise sont sensiblement les mêmes.

Anne-Sophie Dubey et Thierry Weil, économistes à la chaire des Futurs de l'industrie des Mines, ont récemment étudié des organisations ayant basculé vers des modèles dits libérés. Ils ont identifié les principaux leviers de libération des

---

3. Isaac Getz et Brian M. Carney, *Liberté & Cie*, Paris, Flammarion, 2009.

4. Holacracy Constitution 5.0 : <https://www.holacracy.org/constitution/5>.

5. Frédéric Laloux, *Reinventing Organizations*, Paris, Diateino, 2015, 482 p.

entreprises[6]. L'aplatissement de la hiérarchie apparaît comme le premier des caractères des entreprises « libérées ». Les niveaux hiérarchiques peuvent être réduits jusqu'à deux : un comité de direction et les équipes autonomes. C'est notamment rendu possible grâce à la suppression des fonctions supports, ou leur réorientation au service des unités opérationnelles : une autre caractéristique des entreprises libérées, qui recentrent toute l'organisation sur le métier et non sur les moyens – « l'entreprise pourquoi », au détriment de « l'entreprise comment » définie par Getz. C'est particulièrement le cas pour les RH, puisque les recrutements sont réalisés par les équipes opérationnelles elles-mêmes, ou pour lesquels elles sont à minima consultées.

Les chercheurs relèvent dans leur analyse que certaines entreprises ont fait le choix de conserver une hiérarchie traditionnelle en plus des entités horizontales. Le plus souvent, le cadre de l'autonomie est pleinement exercé au sein des unités opérationnelles, qui sont, elles, totalement dépourvues de hiérarchie. Ces unités sont réduites au maximum (de 5 à 40 personnes), pour permettre cette absence de hiérarchie. Dans le même temps, le rôle des managers évolue vers une posture de coordinateur ou de facilitateur, parfois même de coach. Leur travail n'est plus de commander ou contrôler mais soutenir. Pour souligner cette évolution de manière tangible, les marqueurs symboliques de pouvoir, comme l'attribution de places de parking, les voyages en classe supérieures ou les bureaux tendent également à disparaître. Enfin, relèvent les chercheurs, la prise de décision collective est formalisée au sein d'espaces d'expression, de concertation ou de décision dédiés, afin que les équipes puissent identifier les tensions ou les éventuels problèmes et puissent les résoudre de façon structurée.

La transparence des informations est une autre caractéristique des entreprises qui ont adopté des modèles plus participatifs. C'est l'un des principaux enjeux de l'implication et

6. Thierry Weil et Anne-Sophie Dubey, *Au-delà de l'entreprise libérée. Enquête sur l'autonomie et ses contraintes*, Paris, Presses des Mines, 2020, 167 p.

de la participation des salariés dans la prise de décision, que l'entreprise soit, ou non, libérée. Jack Stack, le dirigeant américain de SRC Holdings, est l'un des premiers à avoir théorisé la notion de transparence dans les entreprises en élaborant l'*open book management* (gestion à livre ouvert) en 1993. Son idée par d'un principe simple : « quand les salariés pensent et agissent comme des patrons, tout le monde est gagnant[7] ». Pour que les employés agissent de la sorte, il théorise la nécessité de partager l'information financière avec l'ensemble des collaborateurs, des données habituellement exclusivement réservées aux directions financières et aux hauts dirigeants. La transparence au sein de l'entreprise est l'essence même de la confiance. Elle est, aussi, empreinte d'une logique d'*empowerment* des collaborateurs. Au fond, il s'agit de former le plus grand nombre à la stratégie globale de l'entreprise. En comprenant les enjeux financiers et stratégiques, la réalité sous-jacente de l'entreprise, chacun se sentira plus impliqué et mieux à même d'y participer. Par ailleurs, cela présente l'avantage de donner une traduction concrète aux objectifs individuels fixés, la réalité qui les soustend, et pourquoi ils sont nécessaires. Cela permet aussi d'avoir une vision plus globale de l'entreprise, de ce qu'il se passe au sein d'autres départements.

Pour que cela fonctionne réellement, il y a un enjeu de pédagogie et d'explication. On ne peut pas se contenter de donner des chiffres bruts sans un effort de traduction concrète dans l'action au quotidien. Au-delà de ce mécanisme de partage d'information, la capacité d'écoute et d'échange des dirigeants sur ces sujets est primordiale. La transparence appelle l'esprit critique. Pour qu'il joue à plein et soit source de créativité, d'idées nouvelles et d'innovation, il faut accepter que le partage d'informations fasse l'objet d'échanges sur la stratégie à mener. C'est d'ailleurs l'objet des espaces d'expression et de concertation mis en place par les entreprises qui optent pour des

---

7. Jack Stack et Bo Burlingham, *The Great Game of Business – The Only Sensible Way to Run a Company*, Londres, Serpent's Tail, 2014.

gouvernances participatives. Les auteurs du rapport des Mines mettent en revanche en garde contre l'excès de détail dans l'exercice de transparence, notamment sur les sujets liés à la rémunération, qui peuvent susciter des incompréhensions. Elle peut s'avérer oppressante et détériorer le climat de l'entreprise. Il s'agit ici surtout de former et donner les moyens au plus grand nombre de comprendre les défis auxquels l'entreprise est confrontée et ainsi participer à une prise de décision éclairée[8].

Holacratie, entreprise libérée ou opale, peu importe les noms qu'on lui donne, l'idée est de gagner en confiance. Au-delà des concepts théorisés, l'évolution des entreprises vers des modèles plus horizontaux et un partage du pouvoir plus équitable se développe à des degrés divers au sein de nombreuses organisations et semble en réalité inéluctable. « Beaucoup considèrent qu'elles n'ont plus le choix. [...] La séparation des tâches de décision, de conception et d'exécution ne correspond plus aux besoins d'organisations qui doivent être réactives, agiles, apprenantes, inventives, capables [...] d'être en prise avec les évolutions de la société » relèvent les économistes de Mines ParisTech. Leur rapport montre que ces orientations peuvent s'appliquer à des modes d'organisation très variés. Chacun peut pousser ses curseurs en fonction de ses besoins et des attentes de ses collaborateurs. Il cite, à cet égard, la transformation engagée par la Caisse primaire d'assurance maladie des Yvelines. Depuis une dizaine d'années, les agents de la CPAM organisent leur fonctionnement au sein de leurs équipes, opèrent par roulement la supervision des équipes, ont la possibilité de participer à la transformation et les strates hiérarchiques ont été réduites. Dans un contexte de réduction des effectifs, le taux d'absentéisme a diminué de 30 % et le turn-over réduit de moitié. Un tel exemple démontre que cela n'est réservé ni aux petites structures, ni à certains types de secteurs.

---

8. Thierry Weil et Anne-Sophie Dubey, *Au-delà de l'entreprise libérée. Enquête sur l'autonomie et ses contraintes*, *op. cit.*

2. Vers un partage de la valeur plus équilibré

Parmi les moyens de rééquilibrer les pouvoirs au sein des entreprises, l'actionnariat salarié reste un aspect largement sous-estimé. Pourtant, il représente un réel levier en termes d'engagement et de motivation. C'est évidemment un outil de partage de la valeur, mais aussi du pouvoir de décision. De ce point de vue, la loi Pacte représente une réelle avancée. Elle fixe l'objectif de hisser la part de l'actionnariat salarié à 10 % du capital des entreprises françaises d'ici 2030. Pour ce faire, elle a adopté plusieurs dispositions qui visent à le renforcer significativement. Elle a ainsi abaissé de 20 à 10 % le forfait social dû par les entreprises qui souhaitent abonder un fonds commun de placement (FCPE). Les FCPE permettent de regrouper dans un même véhicule financier la participation ou l'intéressement des salariés qui souhaitent entrer au capital de leur société. Pour encourager les salariés à s'emparer de cette possibilité, la décote (l'abaissement des taxes dues sur les actions possédées) qui existait sur les titres de l'entreprise qu'ils acquièrent a, quant à elle, été portée de 20 à 30 %. Dès lors que les salariés conservent ces actions au-delà de dix ans, elle est augmentée de 30 à 40 %, l'idée étant d'inscrire la participation dans le temps long. Enfin, il est possible désormais d'abonder le plan d'épargne de l'entreprise (PEE, un système d'épargne collective qui permet aux salariés d'acheter des titres de l'entreprise) de manière unilatérale, sans qu'un versement des salariés soit exigé, contrairement à ce qui était le cas auparavant.

Ses effets commencent progressivement à se faire sentir. L'année 2021 marque un réel progrès en la matière : au total, 3,8 milliards ont été investis par les salariés. L'observatoire d'Amundi[9], un gestionnaire d'actifs spécialisé dans l'épargne salariale et l'actionnariat salarié, note une augmentation du

9. <https://fr.media.amundi.com/actualites/lactionnariat-salarie-enregistre-un-record-en-2021-selon-lobservatoire-damundi-7286-22f29.html>.

montant moyen souscrit par les salariés (avec abondement par les entreprises) de 12 % par rapport à 2020 pour atteindre 4 622 €. En dix ans, Amundi constate une augmentation de 48 % de ce montant, signe d'une évolution inscrite dans la durée et d'un changement progressif d'état d'esprit. Le FCPE, un dispositif jusque-là jugé complexe était peu mobilisé par les entreprises, qui s'en sont emparées avec l'abaissement du forfait social. Ainsi Amundi dénombrait la création de 53 FCPE supplémentaires en 2020 contre 22 l'année précédente. Si le recours à la participation des salariés est particulièrement développé en France, c'est de plus en plus le cas hors de ses frontières puisque 94 % des grandes entreprises européennes le proposent.

De fait, de plus en plus d'entreprises, cotées ou non, ouvrent leur capital à leurs collaborateurs, même si la part de l'actionnariat salarié reste pour l'instant encore assez faible. Dans les entreprises de taille intermédiaire et familiales, la dilution du pouvoir représente encore un frein à son développement. Dans les grandes entreprises du CAC 40, la participation des salariés se situe à 3,5 % en moyenne et certains grands groupes en sont totalement dépourvus. Cependant, de plus en plus d'entreprises se décident à franchir le pas. C'est par exemple le cas de Kering qui a effectué en mai 2022 sa première opération d'actionnariat salarié. Profitant de la décote de 20 % le géant du luxe français a ouvert 200 000 actions à ses collaborateurs en France, en Italie, au Royaume-Uni, aux États-Unis, en Chine, à Hong-Kong, au Japon et en Corée du Sud.

D'autres entreprises sont engagées depuis plus longtemps dans la démarche mais la renforcent sensiblement depuis la promulgation de la loi Pacte. Veolia a par exemple récemment ouvert à ses collaborateurs une nouvelle souscription qui porte à 6,5 % du capital la part des salariés actionnaires. Ces derniers deviennent ainsi le premier groupe d'actionnaires au sein de la société, devant la Caisse des dépôts et le gestionnaire d'actifs Black Rock. Cette souscription s'inscrit dans un mouvement engagé en 2018. Le groupe de services à l'environnement s'était alors fixé l'objectif d'atteindre 5 % d'actionnariat salarié, objectif atteint en 2021. Cette nouvelle souscription ne change pas le nombre de représentants au conseil d'administration, porté à 3 depuis 2021. Cette évolution intervient dans le contexte du rapprochement de Veolia avec Suez. Ce dernier a en effet développé un programme qui vise à élever à 10 % du capital la part de l'actionnariat salarié d'ici cinq à sept ans, s'inscrivant ainsi dans la dynamique du cap fixé par la loi Pacte.

L'enjeu est loin d'être anecdotique. Dès lors que le seuil dépasse 3 % du capital, les salariés doivent être représentés au conseil d'administration. À l'heure où l'on tend à décrier le pouvoir des actionnaires au détriment de ceux qui font l'entreprise au quotidien, ce pouvoir d'influencer les décisions est loin d'être négligeable. Les objectifs fixés par la loi Pacte font de l'actionnariat salarié un véritable outil de partage du pouvoir. Il permet d'établir une gouvernance plus équilibrée, mais aussi une compétence plus proche de l'activité. Les salariés conservent d'ailleurs en moyenne plus de 13 ans leurs avoirs en actions dans l'entreprise, ce qui dépasse largement les périodes de blocage. Il s'agit donc d'un outil tangible pour ancrer l'entreprise dans le temps long. Les entreprises y voient également un moyen direct d'engager leurs salariés, qui, devenus actionnaires, sont directement intéressés aux performances de l'entreprise. On peut ici faire l'hypothèse que l'actionnariat salarié est un vecteur de collectif, tant en termes de partage du pouvoir que d'implication des collaborateurs. Notons par ailleurs qu'il engage les entreprises en termes de transparence des informations financières et qu'il est donc aussi un vecteur de pédagogie et d'explication de la stratégie.

Mais l'actionnariat salarié reste avant tout un moyen de partager la valeur et d'aller vers une répartition plus équitable des profits de l'entreprise ; un moyen tangible de rémunérer et de valoriser le travail. L'outil s'est par exemple avéré avantageux pour compenser les chutes d'intéressement et de participation liées à la baisse des résultats en 2020. À la faveur des évolutions législatives et de l'attention plus grande portée par les investisseurs aux performances sociales des entreprises, l'actionnariat salarié tend à devenir un indicateur RSE puisqu'il apparaît comme une garantie de bonne gouvernance, au point que de plus en plus appellent à l'introduire formellement dans les critères de performance des entreprises.

3. Repenser le contrat social pour mieux reconnaître le travail

Symbole du capitalisme familial, Michelin a beau être une multinationale, elle conserve un caractère provincial, et demeure résolument associée à Clermont-Ferrand – « Michelin-Ville[10] », comme l'écrivait le journaliste Pol Echevin dans les années 1980 – où se trouve encore son siège social plus de 130 ans après sa création. Très empreinte de christianisme social, une orientation qui reste à certains égards revendiquée par le groupe, la marque au célèbre bibendum a longtemps été l'image même de l'entreprise paternaliste.

« À la suite du décès d'un ouvrier de l'usine mal soigné par un chirurgien de la ville, Édouard Michelin a décidé de faire une clinique [...]. Ma grand-mère avait constaté que les enfants d'ouvriers ne recevaient aucune éducation, aucune formation. On a donc créé une école qui a été financée sur la cassette personnelle d'Édouard, d'André et de la famille[11] » racontait François Michelin, alors dirigeant du groupe, en 1988. Très tôt, l'entreprise s'est en effet donné pour mission d'être à la pointe du progrès social. En plus des cliniques et des écoles, elle construit des logements accessibles à ses employés, finance des œuvres sociales (colonies de vacances, actions culturelles...) et l'association sportive de Clermont, distribue des allocations

10. Pol Echevin, *Échec au roi. Charles Tissier, 40 ans de combat*, Les éditions ouvrières, 1985, 168 p.

11. « Michelin dans sa ville », *Le Monde*, 21 janvier 1988.

familiales dès 1916 et développe même des magasins où trouver des produits alimentaires bon marché.

Fort de ce qu'ils apportent à leurs collaborateurs, et dans une vision très paternaliste du rôle des dirigeants, Michelin a du mal à laisser la main. Elle voit les syndicats d'un mauvais œil et refuse de leur laisser les missions habituellement exercées par les comités d'entreprise. C'est au bout de plusieurs années de batailles judiciaires – aboutissant à plusieurs condamnations de Michelin pour entrave au fonctionnement du comité d'entreprise – qu'elle leur cédera progressivement le pouvoir sur les actions sociales. Les écoles, quant à elles, ont été « remises » à l'éducation nationale qui a repris la main en 1967. À partir de 1968, un tournant s'opère. Les mutations de l'économie, un recentrage sur son activité originelle, et, donc, la justice auront raison de son paternalisme à l'ancienne. Peu à peu, Michelin s'ouvre aux parties prenantes. Toujours soucieuse de valoriser son territoire, elle reste en lien avec les élus locaux et finance en partie, à la fin des années 1980, la rénovation des « cités Michelin » reprises par des bailleurs sociaux. Elle a même fini, dans les années 2010, par s'ouvrir au dialogue avec les syndicats, ce qui a par exemple permis d'éviter la fermeture de l'usine de Roanne en 2015[12].

Il ne s'agit évidemment pas ici de vanter les mérites d'un retour au paternalisme du siècle dernier. Le modèle a été largement décrié, et à raison, pour sa dimension infantilisante et élitiste. La tendance, aujourd'hui, est plutôt à la remise en cause des acquis attribués hors du cadre strict du travail par les entreprises. Ils sont considérés comme des dépenses superflues et bien souvent perçus comme des rentes de situation. Les réductions accordées aux employés de la SNCF sur les voyages en train font par exemple régulièrement l'objet de remises en question.

---

12. Anne Freitz, « Michelin, une culture d'entreprise à l'épreuve de la mondialisation », *Les Échos*, 2 mai 2019.

Il ne semble pourtant pas inutile, en revanche, de réinterroger ce modèle à l'aune de la situation actuelle. L'augmentation spectaculaire de l'inflation (6,2 % en un an selon l'Insee) rapproche de nombreux salaires du Smic et vient grever significativement le pouvoir d'achat d'un grand nombre de personnes. Le manque de candidats dans de nombreux secteurs, le rejet de certaines conditions de travail, mais aussi la colère et le ressentiment régulièrement exprimés viennent rebattre les cartes. Les revendications portant sur la reconnaissance du travail ont émergé avant le Covid, notamment avec la crise des gilets jaunes. C'était alors non seulement un fort sentiment de déclassement qui s'exprimait ; mais aussi la colère de travailler sans parvenir à avoir une « vie bonne ». Le contexte impose de se pencher sur la question de la reconnaissance, tangible, cette fois, du travail.

Cette « crise de reconnaissance[13] » touche toutes les démocraties occidentales, constate Michael Sandel. Dans son dernier ouvrage, le philosophe américain pointe un hiatus entre la croissance des inégalités et l'expansion de la rhétorique de l'ascension sociale. Il montre ainsi qu'aux États-Unis, seul un individu sur vingt parmi les revenus les plus bas peut en réalité atteindre le segment de revenus supérieurs. Or, la rhétorique de la méritocratie les rend seuls responsables de cet état de fait, sans prendre en compte la mise à égalité préalable qu'elle requiert pourtant. Il critique notamment la survalorisation des diplômes qui figent la mobilité et établissent une classification binaire entre les gens. Pour le démontrer, il s'appuie sur l'échec de la mise en place de la méritocratie à Harvard. Dans les années 1950, la prestigieuse université a mis en place des tests de niveaux à l'entrée pour remplacer l'élite héréditaire par une élite reflétant les capacités des étudiants. Dans les faits, cela n'a pas changé significativement le résultat du recrutement puisque seules les élites héréditaires ont les moyens de

13. Michael J. Sandel, *La tyrannie du mérite. Qu'avons-nous fait du bien commun ?*, trad. Astrid von Busekist, Paris, Albin Michel, 2021, 384 p.

préparer leurs enfants à ces tests. Aussi fait-il le constat que la foi en la mobilité sociale s'étiole, alimentant un ressentiment qui s'exprime notamment à travers la montée des populismes.

Sandel insiste sur l'importance du travail, dont il estime que la dignité a été érodée. Pour le philosophe, la crise sanitaire s'en est fait l'écho en mettant en avant l'opposition entre l'utilité des « travailleurs de première ligne » et le manque de reconnaissance – sociale ou financière – dont ils bénéficient. Il considère le travail comme un moyen de grandir dans l'estime de soi par la conscience de contribuer au bien commun. Il propose donc d'élaborer un nouveau contrat social basé sur la « dignité du travail » qui reconnaîtrait le travail à la hauteur de la contribution sociale qu'il induit, et non de sa rémunération. Cela suppose de redéfinir le bien commun qui est aussi le fruit d'une délibération sur ce qu'est une vie collectivement bonne. Sandel est ainsi partisan d'une égalité de conditions, susceptible de permettre aux plus modestes d'évoluer honorablement dans des emplois valorisés.

À l'heure où il est difficile d'engager – au sens premier du terme – des collaborateurs, ces réflexions sont une source d'inspiration intéressante. C'est ici que le parallèle avec le paternalisme prend tout son sens. Ce qu'avaient compris ces groupes familiaux, c'était leur responsabilité en tant qu'employeur vis-à-vis de leurs employés – il fallait les attirer et les retenir –, mais aussi à l'égard de la société – il fallait pallier les manques d'un État alors éloigné du concept d'État providence. En offrant à leurs collaborateurs les conditions d'une « vie bonne » en dehors de l'entreprise, ils ne faisaient pas que « s'acheter » la paix sociale, ils participaient aussi, d'une certaine manière, à bâtir ce contrat social.

De fait, cette réflexion est déjà engagée dans de nombreux secteurs, qui s'attachent à se rendre plus attractifs pour les candidats. L'hôtellerie-restauration, qui figure parmi les secteurs les plus en tension, a acté une revalorisation des salaires de 16 % au printemps 2022 et s'apprête à entériner une nouvelle revalorisation au vu de l'inflation. L'éducation nationale, qui peine à recruter des enseignants et fait également face à une augmentation des démissions, a aussi décidé une augmentation des salaires de 10 % en moyenne, en accordant une priorité aux enseignants en début de carrière. Limiter cette réflexion à la seule question du salaire risque toutefois de trouver ses limites. Le contexte économique ne permet pas à toutes les entreprises de procéder à des revalorisations. L'inflation et la crise énergétique frappent les entreprises de plein fouet. Alors que le « quoi qu'il en coûte » qui a permis de sauvegarder l'économie pendant la crise sanitaire n'est plus de mise, les défaillances des entreprises sont reparties à la hausse et singulièrement au dernier trimestre 2022. L'économie française a ainsi enregistré 42 500 procédures de faillite en 2022, soit 49 % de plus que l'année précédente[14], selon une étude d'Altares affectant surtout la restauration, l'industrie et les transports. L'étude estime que 143 000 emplois directs sont ainsi menacés. Si le contexte ne s'avère pas nécessairement propice à une revalorisation massive des salaires, il n'empêche pas de repenser ce contrat social au sein des entreprises. Chaque entreprise peut à son échelle engager une réflexion collective. Donner à ses collaborateurs les moyens d'acquérir de la dignité au travail dépasse la seule question du salaire.

D'ailleurs, au-delà de la rémunération, ce sont bien souvent les conditions de travail qui sont en cause dans le rejet de certains métiers : des horaires fragmentés ou décalés, des métiers exigeants physiquement, parfois en prise avec un public agressif… Et les conditions de vie – transports et logement notamment – contribuent à accentuer cette difficulté. Là encore, certaines entreprises et certains secteurs se sont emparés de cette réflexion. L'AP-HP, par exemple, qui est engagée dans des discussions pour revaloriser les professions médicales, et elle aussi en grande difficulté de recrutement, explore des pistes pour permettre à ses professionnels de se

14. Altarès, Étude de défaillances et sauvegardes des entreprises en France – T2 2022, janvier 2022.

loger. L'augmentation continue des prix de l'immobilier en région parisienne ne permet pas aux professions paramédicales, notamment, de se loger à proximité de leur lieu de travail, les obligeant à allonger leur temps de transport quotidien, au prix d'un équilibre dégradé entre vie professionnelle et vie personnelle. La restauration travaille à des manières de compenser la coupure entre deux services. Certaines entreprises de nettoyage ont entrepris de repenser les horaires de travail de leurs agents pour favoriser le travail de journée. Les horaires sont de plus en plus souvent décalés plus tard le matin et plus tôt le soir, à des heures compatibles avec les transports en commun et permettant d'avoir une vie de famille. L'objectif est aussi de parvenir à proposer aux agents des journées continues plutôt que des horaires morcelés. D'autres dispositifs existent également en ce qui concerne l'accès à la santé, aux transports ou encore aux gardes d'enfants. Cependant, ils ne sont pas l'apanage de toutes les entreprises et n'exonèrent pas d'une réflexion collective.

La refonte de ce contrat social passe aussi par la reconnaissance de certaines compétences qui ne sont justement pas sanctionnées par des diplômes. De nombreux métiers sont caractérisés par une très faible mobilité, peu ou pas de formation initiale et un accès restreint à la formation continue. Or, les perspectives de mobilité, qu'elle soit interne ou externe, représentent un fort enjeu de reconnaissance et de valorisation du travail. Au-delà des perspectives qu'elle peut offrir en termes d'évolution professionnelle, c'est un véritable enjeu dans un monde en mutation, où nombre de métiers actuels n'existeront plus.

Dans le même temps, un autre phénomène émerge. La pénurie de personnel a contribué à accentuer l'individualisation au travail. L'inversion du rapport de force entre employeurs et candidats donne singulièrement plus de poids aux aspirations individuelles des seconds. Elle a renforcé la négociation individuelle. La prise de distance avec le travail qui s'est instaurée depuis quelques années, au-delà de la dimension de désengagement qu'elle comporte, traduit aussi une forme de maturité dans le rapport à l'entreprise. Les individus se sentent autorisés à négocier avec elle les conditions de mise en œuvre d'un équilibre de vie, le « *package* » associé à un emploi. Certaines entreprises ont devancé cet état de fait, comprenant qu'en prenant en compte les aspirations individuelles de leurs collaborateurs, elles servaient aussi le collectif. C'est la solution qu'a privilégiée Accenture en permettant à ses collaborateurs de faire leurs propres arbitrages. Le groupe a modifié ses rythmes de travail et propose à ses collaborateurs de s'organiser sur quatre, cinq ou quatre jours et demi. Elle leur offre par ailleurs la possibilité de prendre un congé sabbatique de trois mois rémunéré à 50 % à partir de cinq ans d'ancienneté. On voit qu'une part de « sur mesure » est possible, y compris au sein du collectif. Cette question dépasse la seule sphère de l'organisation et des conditions de travail. Elle se pose aussi au quotidien, dans le cadre de l'exercice de son travail, elle a trait à l'impact de chacun et est aussi source d'engagement. Mais comment concilier sur ce plan intérêts individuels et intérêt collectif ?

VI.

Vers une entreprise de proximité

La proximité apparaît aujourd'hui comme une valeur refuge. Le discrédit qui se porte sur les autorités publiques touche moins les pouvoirs locaux, jugés plus aptes à avoir un impact. Près de 70 %[1] des Français placent une confiance bien plus forte dans leurs élus locaux, notamment les maires. Ce chiffre se maintient à un niveau stable depuis plus de vingt ans selon l'Observatoire de la démocratie de proximité. Si la participation aux dernières élections municipales était historiquement basse, à 41,6 %, elle demeurait bien plus forte dans les petites communes (66,9 %) que dans les villes de plus de 100 000 habitants (36,3 % en moyenne). La crise de confiance qui touche les institutions semble ainsi pour l'instant épargner les pouvoirs de proximité. Selon une récente étude de Harris Interactive, une très large majorité des Français (77 %) est convaincue que si les élus locaux avaient plus de pouvoir, nombre de problèmes se régleraient plus facilement[2].

C'est également le cas au sein des entreprises. À mesure que l'on monte les échelons de direction, la confiance des collaborateurs diminue. Alors que les relations avec les collègues

1. Martial Foucault, *La France, ses maires et ses territoires*, Note de synthèse de l'Observatoire de la démocratie de proximité, AMF-Cevipof/Sciences Po, novembre 2021.

2. Harris Interactive pour *Challenge, Le cœur des Français 2022*, août 2022.

directs et les managers de proximité sont plébiscitées (pour respectivement 86 % et 70 % des Français[3]).

Dans un mouvement similaire, le *made in France*, largement valorisé ces dernières années, jouit d'une bonne réputation. Garantie d'une forme de proximité, il bénéficie d'un *a priori* de confiance, tant en ce qui concerne la qualité des produits issus de ce label que la responsabilité sociale et environnementale présumée des enseignes qui le portent. Le local est vertueux par définition. Il rassure.

Il convient de noter que cette dynamique s'inscrit dans un mouvement de défiance et de repli. Le protectionnisme apparaît depuis quelques années, et singulièrement depuis la crise sanitaire, comme une doctrine à nouveau désirable. En témoignent les mesures prises par les États-Unis pour le commerce international et l'engouement pour les formations politiques qui s'en font les promoteurs. Dans le contexte d'individualisation de la société, elle n'est pas dénuée, non plus, d'une forme d'égoïsme. L'échelon local donne en effet le sentiment que ses intérêts propres seront mieux pris en compte.

La recherche de proximité traduit aussi la persistance d'un besoin de lien et de solidarité dans un contexte anxiogène. Relié au cercle proche, le local renvoie à ce qui relève de l'intime : la famille, les amis. L'échelon sur lequel on sait pouvoir compter. En même temps que le repli sur soi progresse, le besoin d'entraide et de solidarité s'exprime. C'est, enfin, une échelle à laquelle il est plus facile d'agir et d'avoir un impact mesurable. Tout comme les maires apparaissent plus à mêmes de résoudre des problèmes, il semble plus aisé d'influer sur le cours des choses à un niveau proche de soi. Valoriser la notion de proximité apparaît donc comme un moyen de concilier individualisation et collectif en remettant l'humain au cœur des entreprises.

---

3. Romain Bendavid, *Le nouveau rôle central des managers et l'enjeu de la reconnaissance au travail*, Fondation Jean Jaurès, septembre 2022.

1. Favoriser la proximité dans l'entreprise, un vecteur de collectif

Une entreprise « locale[4] », voilà le modèle d'entreprise que les jeunes « rêvent » en premier lieu d'intégrer, selon une étude réalisée par BVA, la Fondation Jean Jaurès et la Macif. À l'inverse, ils ne sont que 14 % à souhaiter travailler dans une entreprise du CAC 40. Le collectif est donc valorisé lorsqu'il est « à taille humaine ». À rebours de la tendance à l'individualisme, c'est la présence de « collègues sur lesquels on peut compter » qui apparaît comme l'un des principaux critères de la qualité de vie au travail, juste après une « bonne ambiance » de travail, autrement dit de bonnes relations avec ses collègues. L'avènement du télétravail et plus largement des modes de travail liés au numérique tend à brouiller les frontières et faire entrer le travail dans la sphère intime. S'il permet indéniablement d'améliorer la qualité de vie, notamment en réduisant les temps de transports et en facilitant l'organisation personnelle, le travail à distance a une incidence notable sur la dilution des liens. Il tend à réduire les échanges à une dimension strictement utile, limite les interactions informelles et instaure une distance avec le collectif. À quoi correspond ce besoin croissant de proximité dans les entreprises ? Besoin d'un cadre ? De repères ? De sécurité ?

Le fait d'avoir un bureau attitré, par opposition au *flex office*, est, par exemple, l'environnement de travail qui apparaît le plus souhaitable, apprend-on dans ce portrait-robot de l'entreprise idéale dressé par l'étude. Beaucoup en reviennent des modèles de type start-up : la fausse convivialité ne fait plus illusion, c'est surtout la qualité des liens qui est recherchée. Les conditions de travail dans les ONG s'avèrent aussi souvent déceptives. Les défauts du management ne sont pas réservés au secteur dit marchand. La relation humaine reste l'essentiel.

---

4. Jérémie Peltier, *Les jeunes et l'entreprise*, Macif, BVA et Fondation Jean Jaurès, novembre 2022.

Ce sont les hommes et les femmes qui font l'entreprise. Le retour au collectif apparaît comme une issue désirable face à l'isolement et l'incertitude qui peuvent émerger des nouveaux modes de travail. L'entraide, la solidarité, mais aussi la joie sont des valeurs que l'on peut très bien faire vivre à l'échelle d'une équipe ou d'un service au sein d'un grand groupe international.

Certaines entreprises ont théorisé ce principe de proximité, d'abord perçu comme un gage d'innovation et de créativité. Les petites équipes sont d'ailleurs l'une des caractéristiques de ces entreprises. Renault ou Michelin y ont recours en ce qui concerne la R&D et le développement de nouveaux produits. Décathlon a segmenté chacune de ses divisions sportives et confie le développement de ses nouveaux produits à des petites équipes pluridisciplinaires. C'est ainsi qu'ont été conçus la Twingo, la tente « 2 seconds » qui a révolutionné le genre ou encore le masque « Easybreath », connu pour avoir été utilisé comme respirateur dans les hôpitaux au plus fort de la pandémie. Jeff Bezos les théorise comme les « *pizza teams* ». Le principe est le suivant : une équipe est trop grande dès lors qu'elle dépasse le nombre de personnes que l'on peut nourrir avec deux pizzas, soit six à huit personnes au maximum.

W.L Gore & Associates a fait de la proximité sa marque de fabrique. Connue pour le matériau qu'elle a inventé, le Gore-Tex, qui trouve désormais des applications dans des domaines extrêmement variés, l'entreprise américaine applique depuis les années 1970 une organisation constituée de quatre divisions : textile, électronique, médical et industrie. Chacune de ces divisions est composée d'unités opérationnelles centrées sur des produits spécifiques et soutenues par des fonctions support classiques. La société emploie aujourd'hui 12 000 salariés répartis dans une cinquantaine de sites à travers le monde. Multifonctionnels, ils regroupent des équipes de recherche, de fabrication et de vente. Mais leur caractéristique principale est surtout d'être conçus pour ne pas dépasser 200 personnes. Les usines de la division électronique sont par exemple construites sur une surface qui ne dépasse pas 80 000 mètres carrés, une superficie qui ne permet pas d'accueillir plus de 200 personnes. Dès lors qu'un site atteint cette taille critique, et s'il continue à se développer, l'entreprise le segmente et crée une nouvelle entité. Pour favoriser les échanges et les mobilités entre eux, les différents sites d'une même division sont par ailleurs regroupés au sein d'une zone géographique d'un rayon d'une quarantaine de kilomètres. Bill Gore était en effet convaincu qu'un trop grand nombre de personnes dans une équipe empêchait ses collaborateurs d'être interconnectés les uns aux autres, d'être impliqués dans le processus de décision et de s'identifier à un but commun. Le manque d'efficience lié à la multiplication de petites entités lui semblait préférable à la démotivation et au désengagement associés à une forme de bureaucratie[5].

« *Small is beautiful*[6] » : cette maxime, énoncée par l'économiste Ernst Friedrich Schumacher, résume la philosophie générale de ces principes d'organisation. En réalité, il la tire de l'économiste et philosophe autrichien Leopold Kohr, qui fut l'un de ses maîtres et auquel on doit le concept d'« échelle à taille humaine ». À travers ses recherches, et s'inspirant des physiciens, il cherchait à développer une théorie unique pouvant expliquer tous les phénomènes de nature sociale. Il est ainsi parvenu à la conclusion que les problèmes de toutes les sociétés humaines trouvaient leur origine dans une taille excessive : « partout où quelque chose ne va pas, quelque chose est trop gros[7] » écrivait-il en 1957. Promoteur de la décentralisation, Kohr note notamment que les États parmi les plus prospères et socialement avancés sont de petits États. Au-delà d'une taille critique, une puissance ou une

5. Éric Delavallée, *S'inspirer du vivant pour organiser l'entreprise. 10 principes opérationnels*, Louvain-la-Neuve, De Boeck supérieur, coll. « Le management en pratique », 2021, 176 p.

6. Ernst Friedrich Schumacher, *Small is beautiful, Une société à la mesure de l'homme*, Paris, Seuil, 1979 (1973), 316 p.

7. Leopold Kohr, *L'effondrement des puissances*, Trad. Thomas Bourdier, Paris, R&N Éditions, 2018 (1957), 170 p.

organisation s'avère destructrice. Ainsi postule-t-il également que « si une société croît au-delà de sa taille optimale, ses problèmes finiront par dépasser la croissance des facultés humaines qui sont nécessaires pour les traiter ». Le problème, pour Kohr, n'est donc pas de croître, mais de cesser de croître. Il rejoint en cela l'*hubris* grec, la démesure, qui était considéré comme un crime dans l'Antiquité et qui renvoie à des attitudes excessives. Le crime d'*hubris* était indissociable de Némésis, déesse de la vengeance, chargée de punir celui qui s'y livrait, quelle qu'en soit la forme. Ainsi, tout être humain devait-il s'atteler à restreindre son *hubris* en faisant preuve de tempérance et de modération.

L'anthropologue anglais Robin Dunbar a quant à lui tenté de formaliser le nombre idéal de la taille d'un groupe. Se fondant sur l'étude de la taille du néocortex de primates extrapolée à l'être humain, il est parvenu à la conclusion qu'un individu ne peut pas entretenir simultanément des relations humaines stables avec plus de 150 personnes différentes. Au-delà de ce chiffre, estime-t-il, la confiance mutuelle et la communication directe ne sont plus suffisantes pour assurer son fonctionnement. Il faut alors instaurer une hiérarchie, formaliser une structure et des règles pour réguler les actions du groupe. Autrement dit, c'est le début de la bureaucratie. Si l'on veut l'éviter, il faut donc limiter la taille des entités autant que faire se peut. Si ce chiffre est aujourd'hui contesté, il n'en reste pas moins que nombre d'organisations fonctionnent sur une base similaire. Les compagnies militaires dépassent rarement 200 personnes et les sections qui la composent regroupent au maximum une vingtaine d'hommes. La société de streaming musical Spotify s'en est directement inspiré pour construire ses *tribes* (tribus) n'excédant pas 130 personnes, elles-mêmes composées de *squads* (équipes) de 6 à 12 membres. En ligne avec la théorie de Dunbar, de fait, conserver des unités de petite échelle permet de maintenir les liens interpersonnels entre les personnes. Elle facilite les relations informelles. Chacun se connaît, a conscience des besoins des autres, peut facilement échanger avec d'autres professionnels en cas de besoin et tous partagent le même objectif.

En complément des travaux de son maître, Schumacher s'est penché sur les principes d'organisation susceptibles de répondre à cet écueil de la taille. Ardent défenseur, lui aussi, de la décentralisation, il prônait l'instauration d'un système « qui repose sur la prise en considération des personnes avant la prise en considération des biens ». Schumacher ne contestait ni la nécessité de l'existence d'organisation de grande taille pour certaines activités, ni la nécessité d'une forme de centralisation. L'ordre était pour lui associé à la centralisation quand la liberté créatrice était liée à la décentralisation, tout le problème étant de parvenir à un équilibre entre les deux. C'est pourquoi il préconisait de déléguer au maximum toutes les décisions qui pouvaient l'être au plus bas niveau possible de hiérarchie[8]. Dans le même temps, il estimait nécessaire que les supérieurs justifient leurs décisions auprès de leurs subordonnés.

On retrouve les notions d'autonomie et de délégation du pouvoir qui guident les entreprises les plus agiles. La notion de proximité territoriale est ici étendue à la proximité de décision. Gore a fait siens ces principes en ne conservant qu'une seule strate de management. Tous les employés de la société sont des « *associates* » et seuls 10 % sont des leaders qui conservent un pouvoir de décision. Ces derniers ne sont pas nommés par la hiérarchie mais cooptés par leurs pairs, ils tirent ainsi leur légitimité de ce que les *associates* leur reconnaissent la faculté d'exercer leur autorité et acceptent de les suivre. Chaque équipe est libre de s'organiser et de prendre les décisions qu'elle juge nécessaires à la bonne marche de son activité. Corollaire à cette auto-organisation, les évaluations sont réalisées par les *associates* entre eux. La régulation s'opère par les pairs, et non plus par la hiérarchie. Cela ne diminue pas la pression exercée, mais elle est jugée plus acceptable. D'abord parce que les modèles de

8. Ernst Friedrich Schumacher, *Small is beautiful, op. cit.*

proximité offrent une vision d'ensemble qui donne du sens au travail dans la mesure où chacun a une vision claire de l'œuvre commune et le sentiment d'y participer pleinement. Ensuite, parce que la liberté et l'autonomie que ce type d'organisation autorise donnent à chacun la possibilité d'exprimer ses aspirations individuelles. Enfin, parce que la confiance y est l'une des clés. La légitimité de chacun, employés ou « leaders », n'est pas contestée puisque chacun la tire de ses pairs.

Les entreprises qui mettent en place des organisations de proximité ne sont pas nécessairement en soi bienveillantes, mais leur créativité et leur capacité d'innovation sont reconnues, et, bien souvent, le turn-over y est moins fort qu'ailleurs. Deux objectifs guident l'action chez Gore : « *making money and having fun* ». Le plaisir n'est pas déconnecté du travail, de la créativité, ni même du profit. Nombre de grandes entreprises résistent encore à une conception du management par le plaisir et la convivialité. Combien de fois entend-on dénoncer les relations amicales au sein des équipes, les ambiances de copains ? Beaucoup pensent à tort que cela priverait le dirigeant de l'autorité nécessaire pour recadrer un salarié, ou exiger plus de performance. La force des managers qui sauront à l'avenir garder les talents auprès d'eux, c'est précisément d'installer la confiance et le plaisir sans rien lâcher de l'exigence.

2. Quelle proximité à l'heure de l'hybride ?

Depuis la généralisation du télétravail en 2020, le travail hybride tend à se développer significativement. Il répond, on l'a vu, en partie à de fortes aspirations des salariés, qui y voient un gain réel en termes d'équilibre de vie. Passé l'euphorie de la découverte et les difficultés de retour dans les bureaux liées à la crise sanitaire, l'engouement pour le télétravail, s'il reste important, tend à se stabiliser. Il s'établit aujourd'hui en moyenne à deux jours par semaine dans la plupart des entreprises. Cette évolution majeure a néanmoins installé

– durablement semble-t-il – l'hybride dans l'organisation du travail. Cela pose dès lors une question. Comment articuler le besoin de proximité – qui repose essentiellement sur les liens – et le développement de l'hybride – qui repose quant à lui sur l'individualisation au travail ? Deux aspirations contradictoires s'expriment dans un même mouvement. Il n'existe pas de réponse aisée à cette question, elle n'appelle pas de solutions toutes faites et à ce stade, chaque organisation cherche encore sa voie.

On peut toutefois trouver quelques pistes de réflexions auprès des entreprises qui ont résolument choisi de s'engager dans des modes de travail hybrides. Nombre d'entre elles s'appuient sur les rituels. De fait, la plupart des aspects de la vie d'équipe ont été bousculés par le développement du télétravail, au premier rang desquels les rites qui composent et structurent la vie dans l'entreprise, et même dans l'équipe. L'intégration de nouvelles personnes au sein d'une équipe est par exemple jugée plus difficile[9]. Appréhender la culture d'entreprise, créer des liens avec les membres de son équipe, se familiariser avec les procédures, les attendus, tout est plus long et n'est pas facilité par la distance. Les réunions hybrides participent à entretenir une distance et à accroître les difficultés de communication entre les personnes. Ces événements qui jalonnaient la vie d'une entreprise et participaient à la construction d'une forme de commun tendent à disparaître avec l'hybride. Or, il ne faut pas sous-estimer le poids des rituels pour faire collectif, créer un sentiment d'appartenance et poser les bases d'une émulation collective. Par leur caractère immuable, répétitif, ils sont rassurants. Les religions en ont fait des instruments au

---

9. Valentina Urreiztieta Teràn et Christophe Nguyen, « Chapitre 4. Le maintien des liens sociaux en situation de travail hybride », in Christophe Nguyen, *Santé psychologique au travail et Covid-19. Le pouvoir des bonnes pratiques*, Louvain-la-Neuve, De Boeck supérieur, coll. « Manager RH », 2021, p. 67-73.

service du collectif. Appliqués à l'entreprise, avec l'avènement de l'hybride, ils ont pris une importance toute particulière.

C'est pourquoi beaucoup d'entreprises ayant basculé dans des organisations hybrides s'appuient sur ces dispositifs. L'intégration des nouveaux entrants fait par exemple l'objet d'une attention particulière, souvent par le biais de la désignation d'une personne qui devient le tuteur du nouveau collaborateur et l'accompagne durant une période donnée. La start-up Welcome to the jungle a quant à elle instauré des rendez-vous réguliers avec l'entreprise au complet. Ses collaborateurs étant totalement libres de télétravailler d'où ils veulent, elle finance à ces occasions l'hébergement de ceux qui habitent loin de son siège. À cela s'ajoutent des rendez-vous réguliers pour chaque équipe, l'idée étant de conserver une certaine régularité. Dans certaines entreprises, des rendez-vous informels se sont créés spontanément, avec ou sans l'impulsion du manager. Ils peuvent prendre la forme d'un café matinal virtuel ou d'une pause de 15 minutes, virtuelle toujours, que l'on peut rejoindre librement. Attention toutefois aux solutions superficielles visant à forcer la convivialité comme les apéritifs virtuels et aux « grands-messes » qui risqueraient d'être délaissées. Pour s'assurer que ces événements conservent leur dimension collective, leur capacité à entretenir le collectif, il faut pouvoir y sauvegarder la part d'informel qui y a trait et qui permet à la fois de faire jaillir la créativité et de renforcer les liens interpersonnels.

Car si le télétravail a une incidence positive sur la conciliation avec la vie personnelle, il n'en reste pas moins qu'il génère un sentiment d'isolement qui va croissant[10]. Pour tenter de faire vivre la cohésion, Publicis a quant à elle lancé le programme « We work your world ». Il permet à ses collaborateurs de travailler six semaines par an dans l'un des pays où l'entreprise est implantée dans le monde. Elle propose un

10. Ifop, « Baromètre Paris Workplace 2021 », octobre 2021.

système d'échange de maison pour ceux qui souhaitent en bénéficier et des échanges préalables avec les collaborateurs du lieu choisi, comme une sorte de mentorat. Sur son site internet, l'entreprise annonce ainsi espérer développer « une manière de travailler plus créative et plus audacieuse ». C'est, aussi, une autre façon de créer un sentiment d'appartenance au sein du collectif et des liens interpersonnels à l'échelle d'un groupe international. Toutes ces initiatives traduisent une volonté de construire une culture commune. Est-ce suffisant pour générer de la proximité à l'heure de la distance ? Ce sont en tout cas des pistes à étudier.

À ce stade, il n'existe pas de modèle strictement reproductible. Les solutions, on le voit, sont élaborées à la mesure de chaque organisation, par tâtonnements. Les organisations mises en place sont ajustées au fil du temps. La prise en compte de la parole de chacun joue un rôle essentiel dans la réussite des modèles choisis pour pouvoir réajuster l'organisation en permanence. C'est ce que font les entreprises qui se lancent dans cette voie. Il ne faut pas sous-estimer les risques que fait peser l'hybridité sur le sentiment de perte de sens au travail, notamment à cause de la dilution du collectif. Dans ce contexte, une chose est certaine, l'équipe et le management immédiat jouent un rôle qui prend une importance particulière.

3. Miser sur les individualités pour renforcer le collectif

Développer une forme de proximité au sein de l'entreprise se joue aussi à un échelon individuel : celui du collaborateur. L'épanouissement personnel prend une place de plus en plus importante dans les attentes exprimées vis-à-vis de l'entreprise[11]. C'est le cas chez tous les salariés, jeunes ou non. Il semble que

---

11. Romain Bendavid, *« Plus rien ne sera comme avant » dans sa vie au travail*, *op. cit.*, et Jérémie Peltier, *Les jeunes et l'entreprise*, *op. cit.*

l'on confère désormais à l'entreprise un rôle d'émancipation. Le collectif prend un sens dans la mesure où il permet à chacun d'exprimer pleinement ses aspirations propres, et même de leur donner de la puissance. Cela traduit, aussi, une conception de l'engagement qui évolue vers la mesure d'impact. La force de la proximité est précisément de parvenir à libérer l'énergie créatrice du collectif. Il faut ici se pencher sur la façon dont on peut parvenir à stimuler l'énergie créatrice de chaque individu pour servir le collectif. La force des entreprises qui parviendront à engager leurs collaborateurs repose précisément sur leur capacité à s'appuyer sur les talents de chacun.

En cultivant la notion de talent, l'entreprise suggère une certaine forme d'élitisme. Garder, ou retenir, les talents, l'expression est aujourd'hui galvaudée. Elle porte en elle les germes d'un conventionnalisme réducteur qui, précisément, nie toute singularité. Ce qui est aujourd'hui demandé à l'entreprise, et au management en particulier, c'est de participer à développer les qualités de chacun. Trouver sa voie, exprimer son potentiel et imprimer sa marque, cela devrait être possible dans n'importe quelle équipe. C'est en substance ce que propose l'économiste américain Tyler Cowen[12]. Ce dernier constate en premier lieu la rigidité des processus de recrutement et le manque d'ouverture lié au caractère limitant des diplômes recherchés au détriment de réelles compétences ou de qualités individuelles. Il appuie son propos sur les recrutements dans l'administration américaine, mais un parallèle peut être fait si l'on observe la pénurie de personnel qui touche les professions paramédicales. De plus en plus soumises à l'obtention de diplômes, elles deviennent plus difficilement accessibles aux personnes qui n'ont pas ce bagage. Dans le même temps, les diplômes en question traduisent moins des compétences en adéquation avec le travail au quotidien que des attendus

---

12. Tyler Cowen et Daniel Gross, *Talent : How to identify energizers, creatives and winners around the world*, New York, St Martin's Press, 2022, 288 p.

académiques. À la fin, la situation ne satisfait personne et ne permet pas de répondre au manque de personnel. Selon l'économiste américain, les entretiens de recrutement, dès lors qu'ils sont standardisés, procèdent de cette même logique : ils servent moins à tester les compétences des candidats que leur degré de préparation à l'entretien. De ce fait, ils limitent les possibilités de s'entourer d'un vrai talent.

Le talent, pour Cowen, s'apprécie individuellement et dans les interactions non structurées. Il s'agit d'aller chercher « l'étincelle » qui anime une personne et de lui donner les conditions pour la faire grandir. Un talent demande à être développé, entretenu et stimulé au long cours. Au cours de la vie professionnelle, Cowen fait le constat que les individus sont trop souvent mis sur des rails qui ne les stimulent pas et n'ont pas de réelles perspectives d'évolution. Ils finissent par s'en contenter jusqu'à considérer qu'ils ne valent pas mieux. Pour contrer cela, il suggère de s'appuyer sur la « courbe d'aspiration » de chaque personne et chercher à l'élever. Autrement dit, de rechercher ses motivations profondes et de permettre de les exprimer. Pour que chacun s'attache à viser des objectifs plus élevés, quel que soit le niveau, il est nécessaire de se soucier d'élever cette courbe. Il attribue aux stimulations extérieures à l'individu un rôle fondamental pour cela, notamment les petits groupes de pairs et les mentors.

L'armée revendique depuis Lyautey une philosophie similaire en termes de management. « Enflammez les hommes dont vous avez la charge » écrivit-il dans *Le rôle social de l'officier* en 1891. Ainsi le rôle de l'officier est d'élever ses hommes, de leur permettre de se révéler mais aussi d'accéder à ce à quoi ils sont capables. Pour cela, une place importante est accordée à l'identification des ressources et des talents propres à chacun des membres du corps militaire. Dans l'armée, le chef est à la fois « un combattant, un instructeur et un entraîneur[13] », si

---

13. Damien Carlier, « Détecter les potentiels en corps de troupe », *Inflexions* 2023/1 (n°52), p. 73-76.

l'attention à ses subordonnés est au cœur de la mission d'un officier, vient ensuite la capacité à révéler et élever le potentiel de chacun.

Cela pose la question de l'évolution du rôle du manager qui devient progressivement un « manager-mentor » voire un « manager-psychologue », chargé de donner à chacun au sein de son équipe les moyens de s'épanouir au sein de l'entreprise. La notion d'épanouissement passe pour beaucoup par le sentiment que son travail compte. Pour cela, l'étincelle évoquée par Cowen est en effet un puissant levier d'engagement. De plus en plus, le rôle du manager est de se mettre à l'échelle de ses collaborateurs pour identifier leurs aspirations, mettre leur énergie au service du collectif et leur permettre d'imprimer leur marque dans l'œuvre commune. C'est une forme de management par le plaisir que de s'appuyer sur la créativité. Il devient possible, ainsi, de mettre les intérêts de chacun au service de l'intérêt collectif.

La notion d'impact est ici fondamentale. Le fait d'avoir une traduction concrète de son engagement au sein de l'entreprise, quel que soit le niveau, participe de ces leviers. Si l'entreprise permet de mesurer cela, alors elle devient un espace désirable en ce qu'elle donne de la puissance à l'action individuelle. Dans les attentes en termes d'épanouissement exprimées vis-à-vis de l'entreprise, l'autonomie, le fait de participer et de voir sa parole prise en compte figurent parmi les premières préoccupations. Cela dénote avant tout l'expression d'un besoin de reconnaissance et d'échanges avec le management immédiat. Sur ce plan, les rapports avec les managers de proximité achoppent et il est intéressant d'observer les différences avec nos voisins européens. Respectivement 72 % et 75 % des salariés anglais et allemands estiment que leur travail est reconnu à sa juste valeur, contre 56 % des Français[14]. En effet, les salariés français bénéficient de peu – voire pas – de retours réguliers sur leur

14. Romain Bendavid, *Le nouveau rôle central des managers et l'enjeu de la reconnaissance au travail*, *op. cit.*

travail, la légitimation du droit à l'erreur y est peu développée, ainsi que l'encouragement à la prise d'initiatives. Les managers eux-mêmes estiment ne pas avoir les moyens nécessaires pour reconnaître les performances de leurs équipes au-delà des seuls critères financiers. L'autre critère de reconnaissance par excellence, les perspectives de mobilité interne, apparaissent également bien plus faibles en France que chez nos voisins européens. Changer d'entreprise est perçu comme le moyen le plus efficace de progresser professionnellement. Ce constat montre des entreprises qui peinent à fidéliser leurs collaborateurs et à faire monter ses collaborateurs en compétences. Cet échelon de l'équipe à hauteur de salarié apparaît donc comme un réel levier d'engagement.

À ce titre, il est intéressant de revenir sur les pratiques qui ont cours dans l'armée. La proximité entre le chef et ses subordonnés y est, certes, une réalité plus tangible, sans nul doute liée à la singularité des missions exercées. En revanche, il convient de noter que l'armée est une organisation extrêmement hiérarchique et normée, bien éloignée des modèles dits libérés. Elle s'attache pourtant à faire en sorte que chacun de ses membres puisse développer son potentiel en faisant vivre la proximité. Certes, la conscience collective y est sans doute plus forte que dans d'autres organisations, il n'en reste pas moins qu'elle parvient à faire vivre la proximité jusqu'à l'échelon individuel et c'est sans doute une de ses principales forces : laisser s'exprimer les particularités de chacun et en faire un atout pour le collectif.

VII.

Penser la diversité en termes d'altérité

Les humains, comme les scarabées, tendent à favoriser ceux qui leur ressemblent, notamment dans les entreprises. C'est ce qu'ont démontré le Nobel d'économie Georges Akerlof et son confrère Pascal Michaillat. Pour leur étude « coléoptères : promotions biaisées et persistance des fausses croyances », ils se sont basés sur les travaux d'un groupe d'entomologistes de l'université de Chicago réalisés dans les années 1950 et 1960. Ceux-ci démontraient que lorsque deux espèces de scarabées se trouvent dans un même environnement, elles ne cohabitent pas. L'une d'entre elles tend systématiquement à s'imposer, et ça n'est pas nécessairement la plus adaptée sur le plan biologique. L'explication est la suivante : connus pour manger leurs propres œufs, les scarabées sont plus enclins à manger les œufs des autres lorsqu'une autre espèce est présente, privilégiant ainsi leurs semblables.

Les deux économistes américains ont cherché à appliquer cette théorie à l'espèce humaine. Ils démontrent dans leur étude que les chercheurs sont plus enclins à favoriser les recherches ou les jeunes chercheurs qui adhèrent à leurs théories et à laisser de côté les points de vue divergents. Au-delà de son incidence sur l'émergence d'idées nouvelles, ils font également ce constat dans les entreprises, montrant que le « biais homophile est très répandu dans les organisations hiérarchiques ». Ce syndrome pousse ainsi les dirigeants « à réserver le pouvoir et les privilèges au profit de ceux en lesquels ils se reconnaissent ». Lorsqu'il s'agit d'attribuer une promotion, le principal critère de sélection repose sur un biais de priorité, inconscient la plupart du temps, que les chercheurs nomment le « biais de consommation des œufs ». Pour les auteurs, puisque ce biais cognitif est particulièrement prononcé pour les recrutements ou les promotions à des postes de management, il explique en partie pourquoi les hautes sphères de direction des entreprises mettent autant de temps à s'ouvrir à plus d'hétérogénéité.

La diversité ne se limite pas à lutter contre une tendance, même inconsciente, à la discrimination, mais porte aussi sur le plan des idées, de la capacité à créer et à innover. Elle concerne également des manières d'être ou de penser qui s'inscriraient en marge d'un modèle dominant, quel qu'il soit. Ainsi que le démontre l'économiste Tyler Cowen dans son ouvrage précité, se priver d'une réelle diversité, c'est, au fond, se priver de réels talents.

1. Vers une meilleure prise en compte des singularités

« D'un point de vue anthropologique, la diversité renvoie à deux problèmes fondamentaux que tout groupe humain rencontre : 1) la question du rapport à l'autre (l'altérité) (Balandier 2003) et 2) la question du vivre-ensemble (la socialité) (Durkheim, [1996 [1893] ...]) ». Voilà, selon le sociologue Jean-François Chanlat, directeur de la chaire « management, diversité et cohésion sociale » de l'université Paris Dauphine, les deux défis à relever dans les organisations. Valoriser les singularités, c'est laisser s'exprimer les différences, les spécificités. Libérer la parole, permettre à chacun d'être à la bonne place et d'exprimer la pleine mesure de son potentiel : voilà ce que recouvre le management de la singularité. Cela passe, nous disent les chercheurs, par une nécessaire reconnaissance et acceptation de l'altérité.

Dans le même temps, s'appuyant notamment sur les travaux de Durkheim, Chanlat démontre que ces deux logiques ne s'articulent pas aisément entre elles. En effet, Durkheim montrent que la socialisation renvoie à un processus d'intégration qui requiert l'adhésion des membres d'un groupe à une identité et des buts communs. Elle suppose également un processus de régulation qui fixe les règles du vivre-ensemble et des activités des membres du groupe. Il met en lumière deux types de cohésion sociale distincts : la solidarité organique, qui repose sur les différences, et la solidarité mécanique, qui s'appuie sur les ressemblances. La solidarité organique, démontre Chanlat, favorise l'innovation puisque celle-ci s'inscrit dans la logique de la transgression. En effet, la recherche met en exergue les capacités de créativité et d'innovation des groupes diverses et démontre ainsi qu'il est plus fréquent de définir des solutions innovantes lorsque des points de vue différents sont réunis. En revanche, la diversité pose la question de la socialisation. Ainsi le second mode de cohésion sociale repose-t-il davantage sur la construction d'une identité commune. Il renvoie à la norme et à l'ensemble des règles qui permettent de structurer le collectif autour d'un nécessaire horizon commun. La difficulté réside dans l'articulation entre ces deux mouvements.

Aujourd'hui, le recours à la norme demeure le plus fréquent dans la majorité des organisations de travail, notamment en France. Plus qu'un recours, c'est un alibi au conservatisme. Chanlat explique ce retard français par une conception singulière de l'égalité et de la citoyenneté. L'unité de la nation, nous dit-il « ne pouvait pas se fonder sur des différences communautaires de quelque nature que ce soit ». C'est ainsi que la France a longtemps été rétive aux politiques de discrimination positive, qui vont à l'encontre de cette conception égalitaire et universelle du citoyen. Aussi, l'individu n'est-il pas tellement pris en compte dans les organisations qui préfèrent se reposer sur une forme d'uniformisation des règles. Le statut, acquis à la faveur de ces normes, est préféré à l'individu. La méritocratie française repose encore beaucoup sur le diplôme qui, par exemple, confère à l'individu un statut. Or, Tyler Cowen et Michael Sandel ont démontré les limites d'un tel système qui ne permet ni l'éclosion des talents ni la réduction des inégalités. Aussi, pour entrer dans la norme du collectif, nous continuons à porter un uniforme dans la sphère professionnelle. Au sens propre, parfois, l'uniforme dit alors notre métier et notre place dans la hiérarchie. Au sens figuré, toujours, nous nous conformons alors à ce que l'organisation attend de nous. C'est, aussi, parfois les deux, le costume-cravate du jeune cadre et les codes tacites qui vont avec.

Pour concilier ces deux logiques apparemment contradictoires, Chanlat suggère de s'appuyer sur les liens interpersonnels directs, puissants moteurs pour contrer les perceptions négatives de la diversité. Il devient dès lors plus aisé de prendre en compte les singularités, de leur laisser un espace d'expression réel au sein de l'entreprise.

Les entreprises qui ont adopté des modèles favorisant l'innovation l'ont bien compris. Gore, citée au chapitre précédent, mais aussi Décathlon et bien d'autres s'appuient à la fois sur la proximité et sur la diversité pour demeurer compétitives, en termes économiques mais aussi sociaux.

L'autre défi de la diversité, c'est de cesser de penser en termes de « catégories closes, mais comme un prisme d'appréhension de l'altérité ». Il s'agit de gérer la complexité humaine, et d'accueillir les singularités au sein du collectif. La richesse de la diversité, c'est de prêter attention à toutes les voix, même discordantes. Cela commence par l'ouverture à des profils et des personnalités qui ne sont pas lisses, qui ne sont pas fondus dans le moule de ce qui est attendu à certains postes. L'expression de la différence, quelle qu'elle soit, ouvre la voie à une prise en compte plus riche de la diversité.

En favorisant la multiplicité des profils, des parcours, des personnalités et appartenances des personnes, l'entreprise reconnaît pleinement les enjeux en termes d'engagement, puisque la notion de reconnaissance au travail est intrinsèquement liée à la reconnaissance de la singularité de chacun. Penser la diversité en termes d'altérité et de singularité c'est donner la possibilité à chacun d'être soi dans l'espace du travail, afin de pouvoir donner la pleine mesure de ses talents. Or, l'auteur du best-seller sur le management *Reinventing Organizations*, Frédéric Laloux, fait le constat que « l'intelligence rationnelle est valorisée au détriment de toutes les autres formes d'intelligence : sur la plupart des lieux de travail, nos dimensions émotionnelles, intuitives et spirituelles paraissent déplacées. Pour l'essentiel, les entreprises sont [...] des lieux inanimés, incapables d'accueillir notre identité profonde ». L'idée qu'il existerait un « soi professionnel », performant, efficace et imperméable aux émotions, mais aussi, du même coup, séparé d'un « soi personnel », demeure prégnante dans la majorité des organisations de travail, bien au-delà de la sphère privée. « Dans la plupart des cas, il s'agit de faire la démonstration de sa détermination et de sa force, et de dissimuler ses doutes et vulnérabilité. L'attention à l'autre, et le questionnement sont au mieux négligés, au pire refoulés » poursuit-il.

Si le caractère intrinsèquement féminin de ces qualités citées par Laloux est éminemment contestable – faut-il vraiment être une femme pour avoir un abord engageant ou prêter attention à l'autre ? –, il n'en reste pas moins qu'ils sont traditionnellement attribués aux femmes. L'empathie, le *care*, l'attention à l'autre ne sont pas féminins par une quelconque prédisposition naturelle des femmes, mais parce que c'est le rôle qui leur est inconsciemment assigné – et qu'elles assument de front avec leur travail. À l'inverse, les hommes sont assignés au champ de la rationalité, de la détermination et de la force. La négation des émotions dans les espaces de travail conduit donc à faire persister les assignations à se conformer aux standards attendus. Ce sont autant de signaux faibles qui ancrent des situations, des stéréotypes qui bloquent toute transformation et altèrent l'engagement au sein de l'entreprise.

La relégation des émotions dans la sphère professionnelle contribue à une forme de négation de la singularité des personnes. Or, les émotions sont des faits sociaux, a démontré Durkheim, en tant qu'elles influent les manières d'agir, de penser et de sentir. Elles sont également mobilisées au travail, comme l'analyse la sociologue Aurélie Jeantet, que ce soit pour prendre une décision ou résoudre un problème. Elles sont présentes dans les rapports interpersonnels : « l'émotion n'est pas un fait psychique et interne, mais une variation de nos rapports avec autrui et le monde lisible dans notre attitude corporelle » comme l'affirmait le philosophe Maurice Merleau-Ponty cité par Aurélie Jeantet. L'opposition entre la raison et les émotions n'a pas de sens, il faut la conjugaison des deux pour produire une pensée ou pour agir. L'intuition, par exemple, est un savoir-être important en termes de créativité et de capacité d'innovation qui n'appartient pourtant pas au champ strictement rationnel. Il y a une forme de paradoxe à valoriser les *soft skills*– qui ne sont rien d'autre que des compétences que l'on acquiert tout au long de sa vie – sans chercher à reconnaître et à s'appuyer sur la singularité de chacun au sein de l'entreprise.

La reconnaissance d'un individu en tant que personne implique également de prêter une attention à sa vie privée. La stricte séparation entre le privé et le professionnel supposerait qu'en arrivant au travail, on ne soit subitement plus parent, aidant, veuf ou jeune marié, soumis à des aléas de la vie, ou simplement de mauvaise humeur ou fatigué. Tous les avatars de la vie personnelle doivent disparaître. Or, la considération pour la vie personnelle est bien l'une des revendications les plus légitimes. C'est précisément l'un des enjeux de l'équilibre entre la vie professionnelle et la vie personnelle. Nombre d'entreprises l'ont bien compris et proposent des aménagements pour que chacun concilie plus aisément sa vie professionnelle et sa vie privée. Orange ou Accenture donne désormais par exemple la possibilité à leurs collaborateurs, sous conditions d'ancienneté, de prendre des congés longs pour mener à bien des projets personnels. Au-delà de ces dispositifs spécifiques, une attention plus grande est portée à la sphère privée, participant d'une dynamique de reconnaissance des individus sur ce plan. Le rôle des managers évolue puisqu'ils ont désormais la charge de faire en sorte que leurs équipes « se sentent bien » dans l'entreprise. Si cette prise de conscience permet une salutaire évolution vers une plus grande attention à l'autre, elle n'est pas dénuée d'une part de risques.

2. Les dérives de l'aspiration au bien-être

Le bien-être au travail s'est progressivement imposé comme une nécessité majeure dans la sphère professionnelle en phase avec les aspirations des salariés. Cette préoccupation conduit au fur et à mesure à un rapport plus sain au travail. Elle a donné lieu à des avancées significatives comme l'allongement du congé paternité et a permis, aussi, de questionner le présentéisme, qui tend à disparaître des organisations. La généralisation du télétravail facilite dans la plupart des cas la déconnexion et la séparation entre les temps de travail et les temps à soi. L'aspiration au bien-être ouvre indéniablement la voie à une meilleure prise en compte du facteur humain dans les organisations. Cependant, elle se fait aussi le relais d'une injonction qui dépasse de loin la seule sphère du travail : l'obsession de la recherche du bonheur. Portée par le chercheur Martin Seligman, ancien président de l'American Psychological Association, la psychologie positive, aussi appelée « science du bonheur », s'est progressivement imposée comme un champ de recherche reconnu, influençant de nombreuses disciplines : psychologie, économie, neurosciences… Au lieu de se centrer sur l'analyse et l'étude des sources des psychopathologies, elle propose de se focaliser sur les déterminants positifs chez l'individu. Elle a pour but d'encourager l'épanouissement personnel et l'accomplissement de soi. Laissant entendre que la perspective du bonheur se trouve en soi et est à portée de main, elle a très vite rencontré un grand succès et a progressivement envahi toutes les sphères de la vie : développement personnel, parentalité, couple, et… travail. La recherche du bonheur est devenue une nouvelle préoccupation collectivement partagée. Et ce, d'autant plus qu'elle est promise comme accessible, au point pour certains de devenir une tyrannie. Le psychologue Edgar Cabanas et la sociologue Eva Illouz dénoncent ainsi l'avènement d'une « *happycratie* », du grec *kratos* – pouvoir – soit « le pouvoir par l'injonction au bonheur ».

Dans la sphère professionnelle, on observe ce basculement de la légitime recherche d'une meilleure qualité de vie au travail vers une injonction au bonheur : il faut être bien dans son travail, être positif et s'y épanouir. Depuis l'éphémère mode des *chief happiness officers* jusqu'aux ateliers du rire en passant par les tournois de fléchettes, les cours de yoga ou encore les séances de méditation collective pendant l'heure du déjeuner, les exemples de ces avatars du bonheur ne manquent pas. Nombre d'entreprises cherchent à tout prix à multiplier les moments conviviaux, comme si la convivialité pouvait se décréter. Dans cette course au bonheur, certaines entreprises se perdent. Facebook l'a parfaitement illustré il y a quelques années. Conciergeries, congé parental, locaux innovants, tournois de babyfoot mais aussi avantages santé… Elle a longtemps incarné l'entreprise où il fait bon vivre par excellence. Elle attirait les talents et représentait un idéal pour de nombreux jeunes. Le parangon du « cool ». Mais en 2019, le mythe a connu un sérieux revers. Rapporté par *Les Échos*, le média américain CNBC révélait ainsi que les salariés de Facebook se plaignaient d'un environnement de travail toxique. « Il y a une culture qui veut que, même si vous êtes malheureux, vous devez agir comme si vous adoriez cet endroit » déclarait un de ses cadres à la chaîne américaine. Si la recherche du bien-être n'est pas une quête vaine en soi, l'injonction au bonheur, dans cette expression de contrôle absolu de toute émotion, ne sert ni la prise en compte de l'altérité, ni le collectif.

Elle ne sert pas l'altérité, d'abord, en ce qu'elle empêche de considérer l'autre dans son entièreté. En premier lieu parce qu'elle implique une idée de maîtrise de soi et interdit l'expression de toute autre forme d'émotions – ce que l'exemple de Facebook démontre parfaitement. Or l'altérité est indissociable d'une forme de vulnérabilité. Le visage de l'autre est l'expression même de la vulnérabilité, il est nécessairement une demande d'aide, comme a pu le développer un philosophe comme Emmanuel Levinas[1]. L'autre n'est pas un alter ego. Il a une altérité qui lui est propre, emplie de cette vulnérabilité. Cette injonction à être positif, à mettre de côté l'expression de toute fragilité ou sentiment négatif empêche donc nécessairement l'accès à l'autre. De ce point de vue, l'injonction au bonheur sert plutôt une forme de conformisme. Elle empêche néanmoins de considérer l'autre dans sa singularité.

L'ouverture à l'altérité et à la vulnérabilité induit en outre une responsabilité totale à l'égard de l'autre, poursuit le philosophe : « la relation intersubjective est une relation non symétrique. En ce sens, je suis responsable d'autrui sans attendre la réciproque, dût-il m'en coûter la vie. [...] Le moi a toujours une responsabilité de plus que tous les autres ». La rencontre avec l'autre est « d'emblée éthique », en ce qu'elle suppose inévitablement une responsabilité à l'égard de la fragilité d'autrui. Or, définie par ses inventeurs comme une « philosophie sociale individualiste, focalisée pour l'essentiel sur le moi de l'individu », la tyrannie du bonheur détourne de cette responsabilité à l'égard de l'altérité. Chacun est responsable et comptable de l'éclosion – ou non – de son propre bonheur. En conséquence, chacun devient individuellement responsable et même « coupable » de son propre malheur. En ce sens, l'injonction au bonheur exonère automatiquement de toute responsabilité. Cette philosophie traduit une « psychologisation des problèmes sociaux » selon la spécialiste de la souffrance au travail Marie Pezé.

L'irruption de l'intime au travail, l'aspiration au bien-être, combinées à l'essor de la psychologie positive, tendent à individualiser le mal-être au travail – et même au-delà, tout problème rencontré dans le cadre professionnel. D'une certaine manière, cela dénature le concept même de bienveillance. Dès lors que

1. *Éthique et Infini* (dialogues d'Emmanuel Levinas et Philippe Nemo), Paris, Fayard, coll. « L'Espace intérieur », 1982.

surgit une forme de souffrance ou plus simplement de malaise chez un individu, c'est par le biais de la psychologie positive que l'on va tenter de trouver une solution, en faisant appel à une solution extérieure à l'entreprise : un coach, un psychologue, par exemple. Ce faisant, on se déleste de sa responsabilité à l'égard de l'autre, le renvoyant seul vers la culpabilité de son propre malheur, ou de son propre échec. Tout en prétendant faire le bonheur de l'autre – ce qui suppose par ailleurs une totale reconnaissance de sa part –, cela contribue en réalité à la fois à nier sa singularité et toute responsabilité à son égard.

Dans un contexte de l'augmentation croissante des affections psychiques au travail, qui ont explosé en dix ans selon l'Assurance maladie, la responsabilité du collectif de travail, des entreprises et même des managers à l'égard de leurs collaborateurs est pourtant majeure. C'est aussi cela la responsabilité de leader : être en charge d'êtres humains et avoir un rôle à jouer dans leur vie.

L'injonction au bonheur ne sert pas le collectif en ce qu'elle est un prétexte au statu quo. Les remous subis par Facebook en 2019, au-delà de la vague de mécontentement exprimée par les salariés, témoignaient d'un écueil plus grand. L'ingénieur Brian Amerige décrivait « une monoculture politique qui est intolérante à l'égard des opinions différentes ». Pour cette raison, de nombreux salariés de Facebook estimaient n'avoir pas été en mesure d'alerter leur entreprise sur les risques liés à l'utilisation des données. Ils se sont trouvés, de fait, impuissants à éviter plusieurs scandales comme celui de Cambridge Analytica et son incidence supposée sur la victoire du Brexit en 2016. C'est l'un des autres écueils de l'injonction au bonheur : elle ne souffre aucun questionnement ni aucune remise en cause. Les entreprises se privent des opinions de leurs collaborateurs, qui, en retour, tendent à s'autocensurer. L'utilité de l'esprit critique demeure contestée dans les organisations. « Aux jugements que je fais de moi-même, je tâche toujours de penser vers le côté de la défiance, plutôt que vers celui de la présomption », écrivait Descartes pour valoriser l'esprit critique dans son *Discours de la méthode*. Si la critique n'a pas bonne presse au quotidien dans le travail, c'est qu'elle est trop souvent associée à la défiance, alors que c'est, au fond, l'exercice de sa capacité de discernement. Contrairement aux idées reçues, une personne critique n'est pas nécessairement un mécontent, c'est plutôt bien souvent quelqu'un d'engagé dans l'entreprise et investi dans son travail. Au contraire, plus une expression est lisse, une personne silencieuse, plus il faut y voir la marque d'un détachement.

Quand l'exercice de l'esprit critique est bridé, l'entreprise se prive de ses capacités de remise en cause. En se focalisant sur une certaine perception du bien-être, les entreprises se concentrent sur la mise en place de solutions artificielles. Elles permettent à leurs collaborateurs « d'être heureux au travail, non par le travail » considère la chercheuse Viviane Gonik. Ces mécanismes viennent parfois, poursuit-elle, « compenser les effets d'une organisation du travail délétère ». Là encore, il importe de se recentrer sur l'essentiel. L'entreprise n'est ni un club de rencontre ni un endroit où l'on doit s'amuser, c'est un lieu où l'on veut bien travailler. La question du sens est décorrélée de celle du bonheur, et le fait de pouvoir être soi au travail n'implique pas d'être materné par son entreprise. À ce titre, la prise en compte de la singularité – y compris en termes de bien-être – implique des solutions directement liées au travail. L'écoute, l'autonomie, la capacité d'initiative, figurent parmi les marqueurs de la reconnaissance au travail. Ce sont aussi des espaces d'exercice de l'esprit critique. Les entreprises dites libérées l'ont bien compris en laissant des espaces de parole et de décisions à leurs collaborateurs, au sein desquels chacun compte. Les entreprises ont tout à gagner à laisser s'exprimer la libre-pensée. C'est grâce à l'expression de la critique que l'on peut détecter des signaux faibles et faire les ajustements nécessaires, percevoir l'évolution d'un marché, éviter des erreurs de jugement. C'est la capacité d'innover et de créer qui est ici en cause, l'opportunité de voir émerger des solutions différentes, des propositions originales.

3. Appréhender la diversité autrement : le prisme de l'intergénérationnel

Alors que l'espérance de vie augmente et que l'on est amené à travailler plus longtemps, la question de l'employabilité à tous les âges devient un sujet majeur. Les fins de carrières, et même les secondes parties de carrières demeurent des angles morts dans les politiques de l'emploi en France. Le taux d'emploi des 55-64 ans n'excède pas 56 %, soit près de quatre points de moins que la moyenne des pays européens, quand il atteint près de 72 % en Allemagne. S'il n'a cessé de progresser, notamment en raison des multiples reports des conditions de départ en retraite, ce chiffre témoigne néanmoins du maintien de la « culture de la sortie précoce du marché du travail propre à la France » mise en exergue par la sociologue Anne-Marie Guillemard. Les discriminations liées à l'âge persistent au travail. Dans les faits, dès 45 ans, il est possible de se voir taxer de senior, et cela reste une limite d'âge pour accéder à de nombreux emplois. À partir de 55 ans, trouver un emploi s'avère plus difficile et les durées de chômage sont significativement plus élevées que pour les autres catégories de population. Entre 55 et 64 ans, beaucoup de personnes ne sont donc ni en emploi, ni à la retraite, faisant peser sur cette population un risque avéré de paupérisation.

Pourtant, les politiques d'emploi des seniors se fondent sur une base qui est désormais erronée : celle de carrières linéaires sur lesquelles des mesures uniformes, basées sur l'âge, sont appliquées. Or, la réalité de la vie professionnelle est différente. L'OCDE a récemment montré qu'entre 2012 et 2019, la durée moyenne d'exercice d'un emploi par une même personne a diminué de neuf mois environ, toutes catégories d'âge confondues, et un travailleur sur cinq voit sa situation changer chaque année. Les études le montrent, pour les salariés français, l'évolution de carrière et la reconnaissance, notamment financière du travail, passent par des changements d'entreprise. Les reconversions, les carrières hachées, les allers-retours entre le public, le privé, le travail indépendant sont de plus en plus fréquents. Les conditions de travail diffèrent sensiblement d'un emploi à l'autre. Dans ce contexte, l'uniformisation ne peut plus être de mise. Le fait de travailler plus longtemps est sans doute une nécessité, compte tenu de l'allongement de la vie, c'est aussi une affaire de choix, c'est surtout lié à l'évolution des conditions de travail.

C'est le choix qui a été opéré par la Finlande à partir de 1998. Confrontée à une pénurie de main-d'œuvre et à un vieillissement de sa population, elle a mis en place un plan ambitieux pour développer l'emploi des seniors. La particularité de ce plan était d'être centré sur les travailleurs plus que sur les catégories d'âge visées. Élaboré en concertation avec le ministère du Travail, de l'Éducation et de la Santé, il comptait quatre principaux volets : un programme de management des âges incluant du conseil aux entreprises, un volet centré sur le bien-être au travail axé sur les conditions et l'organisation de travail, la formation tout au long de la vie, l'expérimentation et l'évaluation grâce à la construction d'outils diagnostics et d'évaluation à l'usage des entreprises. Ces mesures ont permis de décaler l'âge effectif de sortie du marché du travail en cinq ans et la Finlande affiche aujourd'hui un taux d'emploi des seniors de 68,3 %. La volonté de ce plan, note Anne-Marie Guillemard, était « d'optimiser, au bénéfice des individus, des entreprises et de la société, les ressources nouvelles qu'une vie plus longue octroie ». Axé sur l'employabilité de chacun dans la durée, le modèle finlandais est une illustration de la gestion de la diversité par le prisme de la singularité.

Les récentes recommandations de l'OCDE s'inscrivent dans la même ligne. En matière intergénérationnelle, l'organisation propose en substance d'anticiper le vieillissement et de viser l'employabilité tout au long de la vie active. Le premier des leviers identifiés porte sans surprise sur les rémunérations et les conditions de travail. Le vieillissement, tout comme l'aspiration à un meilleur équilibre entre la vie professionnelle et la vie personnelle, pose la question de l'aménagement des temps de travail. À l'image de la vie professionnelle, de moins en moins linéaire, les besoins diffèrent selon les personnes. Aujourd'hui pourtant, le schéma dominant reste le même : il faut en quelques années avoir construit son parcours, fondé sur une progression rectiligne. Ainsi faut-il, de préférence avant 40 ans, avoir engagé sa carrière, gravi des échelons dans son travail, tout en ayant construit son foyer et sa vie de famille. Tout cela requiert une grande disponibilité sur plusieurs fronts. L'allongement de la durée de la vie fait aussi peser de nouvelles contraintes sur les plus âgés dont les parents sont de plus en plus dépendants. Les mesures couperet comme les limites d'âge pour exercer certains emplois ne répondent pas à la diversité des situations professionnelles et personnelles. Usure physique, volonté de s'engager dans d'autres champs, notamment bénévoles, situations familiales, envie de continuer à travailler ou non… Les profils sont divers. Ce schéma unique pénalise par ailleurs les femmes qui ont des enfants, qui rencontrent encore des difficultés à travailler et impose des sacrifices à tous.

Les aspirations évoluent, et il importe de faire évoluer le travail en conséquence. L'aménagement des temps de travail (possibilité de bénéficier de télétravail, aménagements horaires ou congés spécifiques) joue un rôle positif sur la perception qu'ont les salariés de leur équilibre entre leurs sphères professionnelle et personnelle. Il contribue à les fidéliser et à améliorer leur bien-être au travail, montre l'OCDE. Or, selon les conclusions de l'enquête Global employee survey, menée par l'AARP (citée par l'OCDE), les travailleurs plus âgés bénéficient moins de flexibilité dans leurs emplois. Les chiffres montrent pourtant que le temps partiel, par exemple, est plus volontiers adopté par les salariés les plus âgés, auxquels il permet de mener de front d'autres activités, personnelles. L'OCDE relève aussi, par exemple, que seuls 19 pays membres sur 35 proposent des congés rémunérés pour s'occuper de leurs proches âgés, à l'image des congés pour enfants malades que proposent certaines entreprises. La flexibilisation du travail a plus de succès lorsqu'elle est mise en place à l'échelle de l'entreprise et qu'elle apparaît comme un recours auquel chacun peut prétendre, les salariés âgés comme les autres, et non comme une mesure ciblée. Elle représente alors un atout en termes de bien-être.

Le deuxième levier sur lequel l'OCDE propose d'agir a également trait au bien-être ; il concerne la santé des salariés. Investir dans le bien-être, au sens premier du terme, a une incidence positive sur la longévité au travail. Ainsi les employeurs peuvent-ils engager des politiques de prévention en ce qui concerne la santé de leurs collaborateurs, prévention au tabagisme, aux conduites à risque, accès à des mutuelles, cela afin de réduire l'absentéisme, qui tend à augmenter avec l'âge. De la même manière, les dispositifs de retour progressif à l'emploi à la suite d'une absence pour maladie s'avèrent bénéfiques pour les salariés comme pour les entreprises. Cela inclut, bien évidemment, des mesures de prévention de la pénibilité pour les métiers concernés.

Néanmoins, cet ensemble de mesures est indissociable d'un investissement dans la compétence des salariés. Tenir compte de la fin de la linéarité des parcours, mais aussi offrir des alternatives à des carrières difficiles, impose de cultiver les talents tout au long de la vie professionnelle. Or, plus on monte en âge, moins les salariés bénéficient de formation professionnelle. 24 % seulement des plus de 55 ans ont suivi une formation dans les douze mois ayant précédé leur participation à l'étude de l'OCDE, contre 45 % des 45-54 ans. Renforcer la formation professionnelle, à tous les niveaux de poste et à tous les âges, est l'une des conditions pour être en mesure de trouver un emploi adapté à son état, de pouvoir exercer moins longtemps un emploi qui revêt les caractéristiques de la pénibilité.

Cela participe, aussi, à faire évoluer les perceptions des salariés plus âgés et les discriminations liées à l'âge. Le fait d'avoir plus de cinquante ans ne signe pas la fin de la vie professionnelle. Certaines entreprises ont développé des programmes de mentorat des salariés plus expérimentés vers les plus jeunes, qui organisent la transmission de compétences ; mais aussi de mentorat « inversé », des plus jeunes vers les plus âgés, notamment sur les questions numériques et avancées technologiques. Saint-Gobain, la Française des jeux ou Danone ont mis en place des programmes de formation dédiés à leurs collaborateurs de plus de 50 ans. Les idées reçues persistent sur les seniors au travail et il faut sans doute encore travailler sur les représentations (rigidité, manque d'agilité, etc.). Les entreprises les plus ouvertes voient au contraire l'embauche de seniors comme une garantie d'expérience et de stabilité. Au-delà de l'âge, il s'agit de s'attacher durablement l'engagement des collaborateurs et de prendre en compte les besoins, les attentes et les différences de chacun. Regarder vers l'avenir, c'est refuser d'opposer les générations. C'est surtout assurer la transmission, les liens et le partage. L'entreprise est un des rares espaces où co-habitent trois à quatre générations au quotidien avec une motivation commune. Ce simple fait doit encourager les initiatives de « *reverse mentoring* » et plus largement de mentorat intergénérationnel.

Conclusion

Difficile d'échapper au constat d'une société française fatiguée et démoralisée. On l'a vu, dans l'entreprise aussi on observe une distance vis-à-vis du travail, et un certain fatalisme. Dans ce climat généralisé d'insécurité et d'individualisme, je pense qu'il y a aussi de la place pour de nouvelles formes d'engagement. L'impatience est partout : il y a une forme de trop-plein, un besoin de changement. Un besoin de sentir qu'on ne subit pas tout. Qu'on peut soi-même être utile, qu'on n'est pas seul, qu'ensemble on est plus fort. En bref, il y a un besoin de liens et de collectif. On le voit dans le repli de chacun vers sa famille, ses amis, son couple, sa communauté.

Pour que la société soit vivable, la relation aux autres doit être au minimum satisfaisante, dans sa vie professionnelle comme dans sa vie privée. Or depuis la pandémie, les priorités ont changé. Le point extrêmement positif est que plus personne n'a envie de tout sacrifier, ni à son travail, ni à sa vie personnelle. L'équilibre entre les deux est devenu essentiel. Nous sommes dans cette période charnière qui voit la confiance devenir le point de bascule. La confiance dans sa valeur propre, dans son avenir, dans la reconnaissance que les autres peuvent vous témoigner. La confiance passe par la proximité, l'entraide, l'écoute. Dans le monde du travail, elle passe aussi par la manière dont on comprend son rôle dans une organisation, et la valorisation de ce rôle. C'est cela qui est au cœur de la question du sens au travail. Cette question est plus centrale que jamais dans notre société désindustrialisée, où les emplois de service moins rémunérés ont pris le pas sur les emplois industriels.

Comprendre la finalité de ce que l'on fait, dans une perspective de temps long, avec la conviction de contribuer utilement à l'effort collectif, c'est primordial. Malheureusement dans beaucoup d'entreprises, la pandémie n'a pas généré que les bénéfices du télétravail. Avec ces fonctionnements hybrides est apparu un renforcement des contrôles, du résultat à court terme, de la recherche de productivité. Insidieusement, la liberté qu'on gagnait d'un côté, on la perdait dans l'inflation des « process ». Paradoxalement on n'a jamais autant parlé de « raison d'être ». Mais si l'entreprise tient un discours qui ne s'incarne pas dans ses modes de management et de partage de la valeur, le fossé se creusera davantage entre les promesses et la réalité, jusqu'à laisser s'installer durablement la défiance.

Les difficultés de recrutement, les démissions qui se multiplient nous interrogent et nous obligent. Les dirigeants d'entreprise se disent attentifs à la parité et à la diversité, mais dans la pratique, la standardisation prime, les organisations sont de plus en plus normatives et l'expression de toute créativité de plus en plus limitée. Les paroles doivent être lisses, les doutes dissimulés et les critiques avalées. Ma conviction c'est que pour susciter de l'engagement, l'entreprise doit redevenir un espace où la liberté et la confiance sont possibles.

En réalité, l'engagement n'a pas disparu, il évolue. Il se manifeste simplement ailleurs : dans les collectifs d'entreprise, dans les temps investis hors du champ du travail, dans les actions concrètes menées hors des circuits du militantisme traditionnel, dans le foisonnement d'initiatives locales qui essaiment partout sur les territoires.

Les nombreux exemples de ce livre en témoignent : un mouvement est engagé. Aux entreprises de l'accompagner, de canaliser les élans individualistes vers le collectif et le bien commun.

J'ai voulu montrer, au fil de ces pages, que l'on pouvait accélérer ce mouvement dans le monde de l'entreprise. Très souvent des solidarités existent au niveau des équipes. Mais précisément parce que l'entreprise est cloisonnée, ces liens se limitent à une petite échelle. Changer d'échelle pour décliner ouverture et confiance sera nécessaire : les femmes et les hommes ne sont plus seulement au service de l'entreprise. Ils sont au cœur des adaptations à entreprendre.

Ils sont prêts aujourd'hui à s'engager dans des collectifs à condition qu'ils puissent tisser des liens : l'un des ressorts organisationnels prioritaires est la proximité managériale, le renforcement de petites équipes soudées, l'investissement dans le local.

Les entreprises peuvent renouer avec l'idée de progrès, en recherchant un impact global positif sur l'environnement et sur le bien-être au travail. La productivité ne constitue pas un horizon de projection suffisant pour les individus. Il est nécessaire de répondre à leur besoin d'espérance.

Au fond, les nouvelles formes de l'engagement illustrent ce mouvement, ce besoin d'avoir individuellement et avec d'autres, un impact concret et mesurable. Il appartient désormais aux organisations d'accompagner cette évolution, et d'encourager l'envie d'agir par conviction.

La plupart des dirigeants sont conscients de ces enjeux. La difficulté ce n'est pas de vouloir aller vers plus d'actions en faveur de l'environnement, des seniors, des femmes, des jeunes… La difficulté principale c'est la peur du risque. La volonté de tout contrôler. L'explosion du travail en free-lance s'explique aussi comme cela. Reprendre sa liberté totale plutôt que de devoir se justifier de tout.

Aujourd'hui dans nombre d'organisations, les démonstrations de force sont préférées à l'empathie, à l'attention aux autres, à l'acceptation des singularités…

À des jeunes qui hésiteraient à rejoindre le monde de l'entreprise, je dirais qu'il faut rester exigeant sur un certain nombre de valeurs. Exiger la transparence, le partage des informations, c'est se mettre en position de mériter la confiance. Mais c'est un contrat. Les efforts doivent être faits dans les deux sens. L'esprit critique est indispensable pour bousculer et trouver une voie de progrès, à la seule condition de préserver le vivre ensemble au sein de l'entreprise.

Table des matières

Partie II. Les leviers de l'engagement